# 6ヵ国転校生

## ナージャの発見
### The Discoveries of Nadya

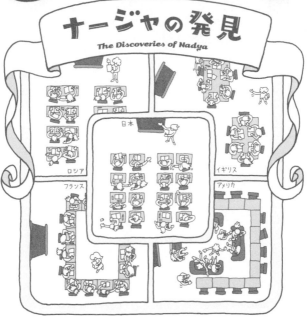

キリーロバ・ナージャ

Nadya Kirillova

集英社インターナショナル

# はじめに

「6カ国転校生ナージャの発見」へようこそ！

　これから読者のみなさんをお連れするのは、6カ国転校生のナージャが1990年代にロシア、日本、イギリス、フランス、アメリカ、カナダで実際に通っていた現地校。そのそれぞれの学校での体験や発見などを一緒に疑似体験していきます。"隣の学校"では味わえない体験や、当時からだいぶ時間が経っているので、その時代へのタイムトラベルも含まれています。すべてナージャのリアルな体験だからこそ、きっと読者のみなさんにとってベストな学び、そして自分らしく生きるコツのヒントになると思っています。

　では、この本の主人公「ナージャ」を簡単に紹介します。意外かもしれませんが、ナージャは人見知りです。たくさんしゃべって、友だちをつくってしまうタイプではありません。周りをじーっくり観察して、もじもじしながら行動するタイプです。ソ連のレニングラード（現ロシア・サンクトペテルブルク）に生まれて、7歳のときに両親の転勤で突然転校生人生が始まることに……。どんなことが待ち受けていたのか、早速、ナージャと一緒に6カ国転校生の擬似体験を始めましょう！　みなさん、準備はいいですか？

もくじ

## 第1章　ナージャの6カ国転校ツアー

## 第2章 大人になったナージャの５つの発見

# 6つの国、4つの言語
## で教育を受けて育つと
## どうなる？

こうなる

## キリーロバ・ナージャ

ソ連・レニングラード生まれ
（現ロシア・サンクトペテルブルク）

- ✓ 小中学校は、毎年、違う国の現地校に通う。
- ✓ 小2はスキップし、弟と一緒に保育園に通う。
- ✓ 小学校の年数が、ロシア4年間、アメリカ5年間、日本6年間 と国によって違うので、小学校は3回卒業。
- ✓ 毎年、新しい言語もしくは新しい方言で学ぶ。

## ナージャの６カ国転校ヒストリー

**ロシア**（サンクトペテルブルク／ロシア語）...................小１（６歳）

⇩

**日本**（京都／日本語）...................................................年長（７歳）

⇩

**イギリス**（ケンブリッジ／英語）...........................小３／前半（８歳）

⇩

**フランス**（パリ／フランス語）...........................小３／後半（９歳）

⇩

**日本**（東京／日本語）.........................................小４（10歳）

⇩

**アメリカ**（ウィスコンシン州マディソン／英語）..............小５（11歳）

⇩

**日本**（東京／日本語）.........................................小６（12歳）

⇩

**カナダ**（モントリオール／英語・フランス語）......中１、中２（13-14歳）

⇩

**日本**（札幌／日本語）.................................................中３（15歳）

※９月、４月で一部重なっている国がありますが、ここでははぶいています。

# この本を楽しむためのヒント

## ——— 1 ———

まず、次ページから始まる「5つの質問」を読みながら、
「自分だったらこれ！」を選んでみてください。

## ——— 2 ———

第1章では、ナージャと一緒に6カ国を転々としながら、
それぞれの学校や学びのスタイルを疑似体験していきます。
右も左も分からないまま、
知らない環境に飛び込むのはなかなか大変！
読者のみなさんのために、転校生ナージャが
実践していたことからヒントです。
「なんでそうなっているのかなあ」
「自分だったら、どうするかなあ」
ぜひ、これを心の中で問いながら、読み進めてみてください。

## ——— 3 ———

第2章では、大人になったナージャと一緒に、
6カ国転校をしていた子どもの頃に感じたこと、
大人になってから感じたことを合わせて振り返りながら、
時間を超えてナージャが見つけたさまざまな発見をヒントに
「学びってなんだろう？」
「自分らしさってなんだろう？」
「ベストってなんだろう？」
を一緒に考えていきます。

では、いよいよ出発です！

プロローグ

# ５つの質問

5 Questions

# Q.1 小学校の筆記用具、どちらを使う？

えんぴつ？

ペン？

9

ロシア

フランス

ペンを使っている国

# A.1 小学校の筆記用具、どちらを使う？

えんぴつを使っている国

日本
イギリス
アメリカ
カナダ

それはなぜ？→P140

# Q.2 小学校の座席のカタチは?

2人掛け

5〜6人掛け

向かい合って
座る

座席以外にも
座る

１人掛け ※机をふたつくっつけて座ることもある

イギリス

５〜６人掛け

A.2 小学校の座席のカタチは？

向かい合って座る

フランス
アメリカ

２人掛け

ロシア

アメリカ

座席以外にも座る

それはなぜ？→P144

# Q.3 小学校の体育は？

整 列 す る

整列しない

ロシア

整列する国

日本

A.3 小学校の体育は？

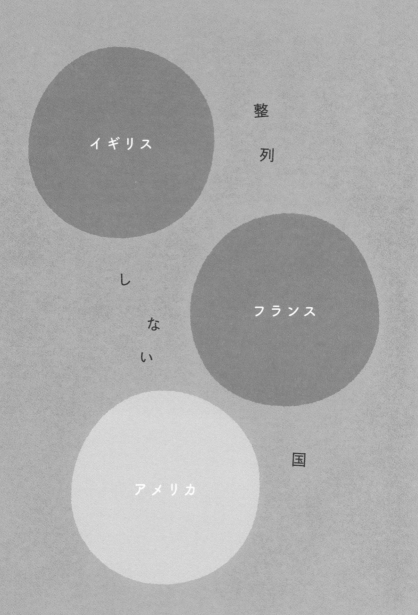

整列

列

イギリス

し

ない

い

フランス

国

アメリカ

それはなぜ？ → P148

# Q.4 小学校の入学年齢は何歳？

5 歳

7 歳

6 歳

イギリス

5歳で入学する国

7歳で入学する国

ロシア

ロシア
日本
フランス
アメリカ
カナダ

6歳で入学する国

それはなぜ？ → P152

# Q.5 小学校のランチタイムは？

給食

弁当

家で食べる

給食

ロシア

日本

イギリス

フランス

アメリカ

イギリス

フランス

アメリカ

弁当

家で食べる

フランス

それはなぜ？→P156

第 1 章

# ナージャの
# 6 カ国転校ツアー

# 筆記用具は？

「よく書く」ためのえんぴつ。
「よく考える」ためのペン

イギリスの学校に転校してビックリしたことがある。ロシアではみんなペンを使っていたのに、ここではみんなえんぴつを使って文字を書いているではないか。えっ、だってあの美術の時間に絵を描くためのえんぴつですよ。算数の図形ならまだしも、文章を書いてたんですよ、文章。とても不思議でたまらなかった。

　当たり前のようにペンを持ってきたわたしも、すぐに先生からえんぴつを使うように言われた。が、しばらくえんぴつで書くことに抵抗とためらいがあった。下書きならともかく本番をえんぴつで書くなんて納得がいかない。自分の意見を書いた感じがしないし、それはまるで意見が定まっていない文章のように感じてもやもやが続いた。

　でもある日、気づいてしまった。えんぴつの上には消しゴムがついているではないか。これは、消せるぞ。つまり、書き直せる。つまり、気を抜いても大丈夫ということだ。そこから、スラスラと書けるようになった。

　ロシアの学校では、文字を書くときは必ずペンを使う。わたしの時代は、ボールペン。親の時代は、万年筆。色は青と

決まっている。黒ではダメだし、赤は先生の色だ。えんぴつは、ペンケースの中で眠っている、出番が美術の授業と算数で図形を描くときにしかない地味なやつという立ち位置だ。

　では、なぜペンを使うのか。そこには、おそらく理由がある。簡単に言うと、ペンは一度書いたら終わりだ。書いたものは直せない。実は、これが最重要ポイントだ。

　例えば、作文を書くとしよう。えんぴつならちょっと考えてすぐに書いてみるに違いない。「なんか違うなあ」と思ったら消してまた書けばいい。でも、ペンならまずとてもよく考えないといけない。何を書くか。どう書くか。スペルは。レイアウトは。言葉の区切り方は。時には、試しに下書きを書くこともある。このときは、えんぴつを使うこともある。すべてを隅々までイメージできたら初めてペンを持って書くという仕上げに入る。

　書いたものは、消すことができない自分の意見として永遠に紙に刻まれる。だから、意見もそれなりにしっかりするし、なによりキレイな考え抜いた文章が残る。つまり、「よく考える」を究めた文章になるわけだ。

　なぜ、そこまでするようになったのだろうか。裏には、採点方法がある。内容の他に、書き方自体も評価の対象となる。文法やスペルももちろんだが、字や改行などのキレイさも見

られる。間違えたら、もちろん減点。５段階しかない評価システムなのでひとつでも下がったらかなりのダメージだ。だから、書き直すしかない、書いた文章全部を。数ページの文章を書き直すのはかなりの時間と集中力を必要とするので、なるべく書き直しは避けたい。宿題なら数時間かけて何度書き直してもいいが、テストだと時間切れにもなり得る。

　だから、よく考えてから書くことを自然と覚えていく。えんぴつを使って「書きやすく」するのか、ペンを使って「考えやすく」するのか、実は書く道具がそのプロセスを決めるのだ。

　ここでは、えんぴつと青のボールペンを比較したが、例えば、ペンの色を変えたり、マジックや万年筆にしてみるとどうなるか。さらに、デジタルツールの登場によりタイピングしたり、フリック入力したりすることも多くなってきている今、タブレットを使って書いた文章と紙を使って書いた文章はどう変わるのか。教育の現場にデジタルツールを入れることに対していろんな議論がある。アナログがいいのか、デジタルがいいのか。

　実は、どちらかが正解なわけではなく、ツールを変えればアウトプットも変わる。それがどう変わって、そこから書いている子どもが何を学べるかが、実はいちばん大事かもしれない。

# <u>座席は？</u>

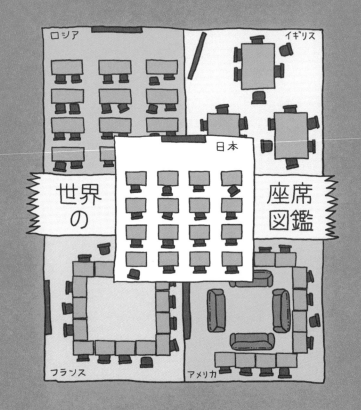

小学校の座席システム。実は、全部違った

小学校の席。どういうレイアウトでしたか？　みんなで黒板とその前に立つ先生に向かって座るのが一般的だと思っていたわたしは、8歳にしてその考えを覆されることになる。イギリスの小学校で。

　その後も、さらにいろんな国のいろんな座席システムに出合った。男女ペア席、一人席、5〜6人でひとつのテーブルを囲む座り方、机をひとつの円をつくるように並べてみんな向き合う座り方、複数の家具を教科ごとに使い分けるやり方……。それは、転校するたびにルールが変わるゲームのようで面白かった。

　ロシアの小学校では男女がペアでひとつの長めの机に座る。男子が左、女子が右。左利きがいる場合は左利き同士で座る。席替えはあまりなく、極端なことを言えば、10年同じ席、同じペアということも十分あり得る。男女ペア席の場合、子どもの授業における集中力がアップするようだ。なぜなら、小学生の男女は友だちになることが少なく、そのため授業中の雑談が少なくなり、みんなまじめに先生の話を聞くようになる。

また、あえてやんちゃな男子を勉強がデキる女子の横に座らせるとこの効果はさらに向上する。責任感が強いデキる女子が勝手にやんちゃな男子の世話役になることが多く、男の子の学力向上の可能性が見込めるようだ。

　みんな、黒板の前にいる先生に向かって座り、先生の話を聞いて、聞かれたら挙手して答える。正解ならそれが個の優越感につながり、毎日がある種の戦いだった。これが当たり前だと思っていた。

　小学３年生でイギリス・ケンブリッジの小学校に転校した日、教室にはまるでごはんを食べるようないくつかの大きめなテーブルが並んでいた。ほう、ここはきっとごはんを食べる部屋だ。ロシアでは朝食も学校で出たので、朝一にそこへ通されたのも理解できる。

　しかし、ごはんが出る気配はなく、５〜６人でテーブルを囲んだまま授業に突入した。そして、しばらくすると授業中なのにみんな楽しそうにしゃべり始めた。「え？　しゃべっていいんだ？」。状況が飲み込めないままぼーっと座っているわたしに隣の女の子が話しかけてきた。

「今、この算数の問題をみんなで解いているところなんだけど、答えについて意見が割れてるの。あなた、答えはいくつになった？」。それから、みんなでチェックしてひとつの答

えを選びテーブルごとに先生に発表していく。

　このやり方は他の教科でも続いて、わたしを女の子が助けてくれたように、何か苦手な科目がある子がいると誰かが教えてあげる。なるほど、ここは個人戦ではないんだ。勝負の世界に生きてきたわたしにはとても新鮮だった。教科ごとに輝く子どもが必ずいた。「この教科は○○に聞こう！」というのが学びのスタンスだった。

　次の転校先はフランス・パリの小学校だった。フランスではフランスに来たばかりの子どもがフランス語をメインに学ぶための外国人クラスだった。ここには、もう大きなテーブルの姿はなかった。しかし、みんなの机が円をつくるように並んでいた。授業が始まると、先生は円の中に入って、必要になったら子どものところへ行く形式で授業が進んだ。

　この座り方だと子どもが常にメインになった。先生はみんなに問いを投げると、みんな激しく議論した。まるで小さい国連のようにそれぞれが自分のバックグラウンドから意見を述べた。意見を述べないとここにいる意味がなくなるのでみんな必死で主張する。

「なるほど、こういう意見もあるのか」「なんで、そう思うんだろう」。これが、お互いのことを知るキッカケにつながり、多くの場合は、家に帰って親にも意見を聞くことであら

ためて自分の世界における立ち位置を知る。

　宗教、言語、主義、価値観、国民性など、いろんなことが浮き彫りになっていく。先生はある種のファシリテーターであり、正解／不正解を言うことは計算問題と文法以外にあまりなかった。そうか、正解がないこともたくさんあるんだ。わたしには、新鮮だった。

　4年生になると、わたしは日本の東京にある小学校に転校した。ここは、ロシアに似た座席システムで、一人席だけどふたつくっつけて座ることもあるから一応隣はいる。

　この場合、みんな前を向いて、基本、隣の人よりも先生との会話がメインになる。ロシアと同じでこれも先生が生徒にとにかく教えて、生徒が考えて先生に答えを伝える方式の教え方になる。

　ただ、違いは、みんなで多数決をよくするところにあった。すごくいい意見を持っている人がいてもそれが選ばれないことがあり、代わりにみんなで決めた当たり障りないものが選ばれたとしてもみんな満足そうにしていた。

　ここでは、「いい」よりも「みんなが選んだ」が重要だった。これが、不満を生まない理由につながり、みんなポジティブに決めたことに取り組んでいた。そうか、みんなで決めるとその後のやる気に関係してくるのか。このやり方も確か

に面白いと思った。

　５年生のとき、アメリカ・ウィスコンシン州の小学校へ転校した。「おお、また円になって座るやり方か！」と思っていたら、真ん中にじゅうたんがありその上にソファがいくつかあった。まるでリビングのようだ。そして、ちょっと離れたところに大きめのテーブルがひとつ置いてある。

　ここでは、目的に応じて座り方を変える方式。個人作業をするときとみんなで議論をするときは、円に並んだそれぞれの席へ。国語の授業で読み聞かせをするときは真ん中のソファでリラックスして聞くとよく頭に入る。ちょっとした決めごとや連絡事項もソファでやると一体感が生まれる。また、算数の授業では先ほどの大きめなテーブルが使われる。問題が解けたらそこへ行き、個別に先生に見てもらうのだ。そうすれば、能力に応じて問題を変えることができる。

　座り方を変えながら学びへのスタンスを変えていく。先生は偉いというよりは、遠い親戚のような感覚になる。

　特に理由がないように見える座席の在り方は、実は教え方の方針を示している。真剣に聞いてほしいのか、発言してほしいのか、みんなで意見をまとめてほしいのか。正解はない。

　日本の子どもをフランス式の座席に座らせると発言するようになるのか。個人主義のロシアの子どもをイギリス方式に

座らせるとチームワークをするようになるのかなど、とても興味深い。

　児童の性格や教えたいことに合わせて座り方をシフトさせれば、いろんなやり方があることを子どもたちにも教えることになり、将来につながっていくかもしれない。

# 体育は？

ロシアの学校では、体育で整列するとき
背が高い人が前だった

体育の時間になると、みんなキレイに一列に整列する。なぜなのだろう？　長い間、不思議だった。

ロシアの小学校に入学して初めての体育の時間がやってきた。みんな背の順で一列に並ぶようにと先生が言った。自分はどのへんだろう？　とみんな背丈を比べては右左へ分かれて一列をつくる。しばらくの調整を経て、わたしは、いちばん前になった。そう、いちばん前。みんなをリードしなければいけない位置。

小学1年生のとき、わたしはクラスでいちばん背が高かった。だから、いちばん前になった。「え？　後ろの人は前が見えないんじゃないの？」と思う方もいるかもしれません。でも、ロシアでは背が高い人が前なのだ。

なぜかって？　特に小学校低学年で背が高いことは、カラ

ダや精神が発達していて、運動神経の良さにつながることが多いというのが理由のひとつだと思う。つまり、背が高い児童はみんなの見本になれるのだ。みんなその人を目指して頑張ることになる。それは、能力的にもそうだし、「背が高くなりたい！　もっと前になりたい！」というモチベーションのリマインドにもつながる。

「いちばんがいちばん前」というのはロシアではごく自然な流れだ。「いちばん前」「いちばん最初」には特別な憧れがある。その傾向は幼稚園のころから見られた。例えば、ダンスの時間。男女がペアになって踊るが、ここでもいちばんうまいペアがいちばん前で踊る。歌の時間には、いちばんうまい人が前で歌う。

前に行くことはとにかく評価されていることを意味していた。後ろの人は前が見えないからこそ悔しくて頑張るという考えである。

日本の小学校に転校したとき、わたしは、いきなり列のいちばん後ろになった。そう、位置がいきなり逆転した。「背がいちばん高いのになぜ後ろなの？」と最初ちょっと不満だった。特に得意科目が体育だったわたしには理解できなかった。

ぜんぜん先生からも見えていない、ラジオ体操のときも埋

4ヵ国の体育
整列派 vs 集合派

もれている。このシステムはわたしにとってしばらく不思議だった。「でも、キミが前に来るとみんなが見えないでしょう？　後ろの人が上達しづらいでしょう？」と先生は説明してくれた。

　そうか、ここでは、「思いやり」が大事にされているんだと、ハッとさせられた。背が高いのは単なる特徴にすぎない。どちらかというとチーム戦のスポーツが多い印象で、そうすると勝つためにはいかにチームで力を合わせるかがポイントになる。苦手な人をいかにモチベートしてチームの力を上げていくかも視野に入る。誰がいちばんということはそれほど重要ではない。なんだか、“All for One, One for All”の精神を感じる体育だった。

　ただ、日本の体育でひとつずっと気になっていることがある。なぜ、体操服にデカく名前を書くのだろうか。クラスメートの名前くらい覚えるだろう。やはりなんとも不思議だ。

　アメリカの小学校に転校して、楽しみだった体育の時間がやってきた。決まった体操服はなく、みんなおのおの動きやすい服装に着替えていた。さあ、ここでは何番目だろう？ちょっとわくわくしていたが、なんとここには整列するという概念などなかった。

　先生の周りに児童があぐらをかいて座る。先生が説明する。

ストレッチをするときもそのフォーメーションだ。背の高さ
や運動神経など関係ない。みんなから体育に対する苦手意識
も感じない。高学年になるにつれて体格はだいぶ異なってく
る。でも、ここではカラダを動かすことを楽しむのが体育の
目的。決して勝負したり、運動神経を自慢する場ではなかっ
た。

　最初はこのスタイルに慣れなかったが、「楽しくやるスポ
ーツ」という概念を知ることで勝負以外の楽しみをスポーツ
に見つけることができた。これはこれで楽しい。

　本格的にスポーツをやりたい人は、学校外でクラブに属し
てサッカーやバスケットボールや野球などを習う。いわゆる
リトルリーグだ。そこでは、徹底的に技術やチームプレーを
教わる。わたしも少しの間、バスケットボールのチームに所
属していたが、ここは日本の部活にちょっと似たところがあ
り、指導も本格的だ。

　そうやってスポーツを目的や場所に合わせて変えていくこ
とはとても面白かった。「勝負をするならいい挑戦相手を選
べ！」というのはこういうことなのかもしれない。

　そういえば、面白いことにフランスの小学校に転校したと
き、そこには整列する概念どころか体操服も体育館もなかっ
た。その時期に習うスポーツに合わせた動きやすい服装に着

替えて、そのスポーツに合わせた施設にみんなで行く。プール、コート、公園、校庭など。ここでもカラダを動かすことが目的で、勝負するようなスポーツは少なかった。

　例えば水泳の場合、しっかり泳ぐというよりも水にとにかく慣れることが授業の目的だった。そのため、レーンの代わりにプールには大きな遊具が浮いていて、そこまで泳いで行ってそれで遊ぶというのがその日の体育。別の日はまた、みんなで学校の近くのコートに行ってフライングディスクをした。

「勝負」を教えるロシアや日本の体育。「カラダを動かす楽しさ」を教えるアメリカやフランスの体育。目的によって教え方や服装も変われば、体育の種目やルールも変わる。参加する側のモチベーションだって変わる。だとしたら、もっともっといろんな目的やカタチの体育があってもいい。そうすることで今までと違う子どもが体育が得意科目になるのもなかなか面白い。

　体育は、言葉を超えて一緒に楽しめる科目なだけに、実はたくさんの可能性が眠っているかもしれない。

# 学 年 は ？

ロシアでは、「1年生」という学年が2学年ある

「あなたは、何歳から学校に行ってるの？」

　日本の小学校で友だちにそう聞いたことがある。友だちは、「えっ？」という顔をして、質問の意味が分からなかったようだ。わたしはさらに自慢げに「ちなみにわたしは６歳！」と言った。友だちはますますポカーンとした。せっかく自慢しようと思ったのにまったく理解されなかった。

　ロシアではこの質問、よくあること。全員６歳で小学校に入学する日本と違って、子どもの発育や個性に合わせて入学の年齢を決めることができる。標準は７歳。でも、それより早く学べる子どものために６歳からのクラスもある。つまり、６歳のための「１年生」、７歳のための「１年生」と、同じ「１年生」でも２学年あるのだ。早く始める分、少しゆっくり学ぶことができるし、集中力を維持するために１時間の「昼寝」タイムだってある。７歳クラスは、４年生を飛ばして３年生から５年生に上がるので、４年生を飛ばさない６歳クラスと５年生になるタイミングで合流する。

　６歳または７歳からというルールはあっても例外がないわけではない。８歳から入学することもある。精神的について

いけないなら、勉強を始めても意味がないからだ。入学が遅れたからといってその後の人生に響くわけでもない。スロースタートから学者になる人もいる。

逆に、特に早熟な人は5歳から入学することもまれにある。もう入学できる能力があるなら無駄に1年間を保育園で過ごすことはないからだ。でも5歳となると頭脳よりも精神がまだ追いつかないことがあり、ときには途中で脱落する子どももいる。でもまた来年入り直せばいい。

学年の区切りも曖昧だ。9月入学であるが、1月生まれくらいまでは前の学年に入るということもしばしば。日本のように4月1日生まれと4月2日生まれの間にどうにも越えられない学年の溝はない。結果、クラスには少し年齢が違う同級生がいることが普通に起こる。だからといって変な上下関係が生まれるわけではなく「年下なのによくやるなあ」と能力が違う人が世の中にはいることを学ぶのである。

あとから、日本には飛び級がないことや小学校では留年がないと知ったが、これも驚きだった。小学校入学前から読み書きや計算を教えたりするから、小学校に入学したら簡単すぎてつまらなくならないか。逆にどれだけさぼっても進級できることも勉強に対する責任感が生まれないのではないか。

でも年齢が一緒だからこそ生まれる日本の「同級生」の結

束力は後の人生においても続き、初対面の人ともすぐに打ち解けるなどさまざまな力を持っている。とても不思議だ。

　飛び級制度などがあり、個人の「能力」に応じて学びを変える欧米と、「能力」ではなく「年齢」で学びを区切る日本。実はスタートラインから教育に対する考え方は大きく異なっているのだ。

# ランチは？

小学校のランチシステム。
実は、さまざまだった

フランスの小学校に転校して、初めてのお昼の時間がやってきた。「案内するよ！」と誘ってくれた隣の席の子と一緒にカフェテリアへ向かった。どんな給食が出るのだろうか。ワクワクしながら向かったが、出てきたのはあまりおいしくないお肉の何かと蒸し野菜だった。とりあえず、食べ始めた。カフェテリアはガラガラだった。お昼の時間が終わりに近づいていくが、ぜんぜん人が増える気配はない。みんなごはんを食べないのだろうか？　と気になったがフランス語が話せない。身ぶり手ぶりで「みんななんで食べにこないのか？」と聞いてみた。

　すると、しばらくの説明とジェスチャーで、フランスの学校では多くの人は家族と一緒にお昼を食べるために家に帰るのだということが分かった。「え、家に帰る!?」。わたしは、信じられなかった。「親は仕事じゃないの？」。しばらくしてどうやら親も同じように長めの昼休みがあって家に帰って食べる人が多いとのことだった。

　なるほど。これは新しい。正直なところ学校のごはんはあまりおいしくない。ランチを持ってきてもいいとも言われた

けど、この「家に帰って」という、とても魅力的な選択肢に引かれて早速、家族を説得してみることにした。説得はうまくいって、数日後から家に帰って親と一緒にお昼を食べるようになった。意外なことに、昼間は親がまだ疲れてないからなのか、学校での出来事についての会話と議論が止まらない。「あの国の子はこう言っていたけどどうなの？」とかいろんな議論を家族とする。

　ランチを学校に持っていってもいいシステムは、フランスに転校する前に通っていたイギリスの小学校でもあった。食べるのはみんなカフェテリアで一緒だが、給食か自分でランチを持ってくるかを選べる。食べているものは、多くの場合みんなバラバラだった。

　ここで面白かったのは、みんなのごはんのバリエーションだ。ピーナッツバター＆ジェリーサンドイッチを食べているカナダから来た女の子もいれば、見たこともない料理を食べているインドの男の子もいる。その隣にはのりが巻かれたおにぎりを食べている日本の女の子がいたり、給食のチリビーンズ＆トマトを食べている女の子もいるという具合だ。カオスすぎて、見たことがない食べ物が多すぎて新鮮だ。

　教室ではみんな同じように同じことを学んでいるけれど、いざ食事になると、こんなに食生活が違うのだと気づく。で

もワイワイ食べることに変わりはない。世界にはいろんな食べ物があるものだ。

　ロシアの小学校は日本と同じでみんな給食だ。でも、小学校低学年は給食は朝ごはんから始まる。2時間目の後、みんな一緒にカフェテリアで食べる。朝食の内容は、日替わりでいろんな穀物の甘いおかゆと黒パンが多い。家で朝食を食べた子どもにとってはセカンドブレックファストになる。次に、4時間目が終わったらランチだ。スープとメイン、黒パンという内容。どんな食事でもロシアでは黒パンは欠かせない。

　まずくても、好き嫌いがあっても出されたものは全部食べないといけない。食べ終えるまで席を立てない。なんだかこれも日本と一緒。でも好き嫌いがある子どもは大体、よく食べる子どもに自分の嫌いなものを食べてもらうという技を覚える。身につけるべきは交渉力だ。

　アメリカの小学校はイギリスと似ていて、朝の出欠をとるときに、「HOT」（給食）か「COLD」（自前のランチ）かを先生に伝える。ここの違いは、みんな事前に配られた給食メニューを見て自分が好きな食べ物が出るときだけ給食にすることができることだ。ピザ、ホットドッグ、ラザニア、タコスなどは人気で、給食を選ぶ人が普段よりも倍くらいになる。嫌いなものや特に食べたくないメニューの日は、家からラン

チを持ってくればいい。

　そして、ここでは誰も嫌いなものを無理に食べさせることもしなければ、残しても問題ない。なぜなら、お金を払ったのはあなた（あなたの親）だから、お金を払ったものをどう扱うかはあなたの自由と考えると同級生から聞いた。だけど、「食べ物で遊ばない！」など、マナーはかなり注意される。

　アメリカの学校のランチタイムで衝撃的だったのは、多くの子どもが肉を食べていなかったこと。ロシアでは肉を食べないと大きくなれないと言われ、食べないという選択肢はなかった。それどころか、食べないという発想すらなかった。でもここでは、クラスの半分までとはいかないが、かなりの子どもが肉を食べていなかった。

　理由を聞くと、「あ、わたしはムスリムで豚がダメなの」「ユダヤ教では、特定の肉しか食べられない。だから学校の給食では肉を食べないんだ」「うちは、ベジタリアンさ！」とみんなそれぞれ理由を説明する。

　なるほど、宗教もあれば、主義もある。ここで、肉を食べないという「主義」があるのを初めて知った。何かを信じるから、カラダ的には食べられても、ひとつの食材を一切断つ選択肢がある。このことはゆくゆくの人生にも大きな影響を与えた。

もうひとつは、アレルギーだ。卵、牛乳、ナッツ、小麦粉などいろんなアレルギーを持っている子どもがクラスにいた。だから、食事というのはいろんな選択肢を与えないと食べられない人が出てくるのだ。

　日本の給食の面白いところは、給食当番がみんなに給食を配ったり取り分けたりするところだ。子どもでやってもいいのか？　最初かなり違和感があったが、いざ自分でやってみるといろんなことが見えてきた。

　そして、カフェテリアがなく教室で食べるというのも新鮮だった。ただ、日本の給食にはひとつ大きな欠点がある。それは、ロシアにもいえることだが、多様性を許さないことだ。

　わたしは、12歳からベジタリアンになったのだが、そうすると日本の給食で食べられるものはほとんどない。サラダにもハムが入っていたりするし、スープには肉系のエキスが、ごはんは鶏の炊き込みだったりする。そうすると、わたしが口にできるのは牛乳だけ。ほぼ1年間、多くの日、牛乳だけを飲むことが続いた。でも、ベジタリアンは「好き嫌い」と見なされ、ニンジンが嫌いな子どもと同じ扱いをされ、理解されない。食べ物がなければ、あきらめて肉も食べるようになるはずだと担任の先生は信じていた。お弁当を持ってきちゃダメだと。これは、なかなかつらかった。でも、信念だか

ら貫いた。

　こうして見ると、同じ「ランチ」をとっても国によってさまざまなやり方や考え方がある。みんなで同じ場所で同じものを食べることで一体感を生もうとするロシアや日本。クラスメートよりも家族との食事時間を大事にするフランス。多様性を大事にし、個人の宗教や主義や思想に柔軟に対応するイギリスやアメリカ。１〜２時間クラスメートと一緒にごはんを食べるだけで、こんなに世界のことが学べる。

　主義主張、世界の料理、アレルギーとの向き合い方、どうしてごはんを残してはいけないのか、残してもいいのか。日本の学校でも、ときどきいろんなランチ方法を試すことで、子どもたちに「食べること」を通していろんな「多様性」について考えるきっかけを与えることになるかもしれない。

# 数字は？

日本の学校では、数字の書き方も
個性よりカタチだった

なんとなく書いている数字。わたしが書くならこうかなあ。ずっと書いているうちに自分のスタイルが生まれる。角ばって書く、丸めに書く、ちょっと装飾をつける。まるでフォントの違いのように手書きにも個性が生まれる。

　自分のスタイルが生まれて数年後、わたしは日本の中学校へ転校した。そして、数学の時間がやってきた。登校初日なのになんとその日は抜き打ちテストがあって問題用紙が配布された。おお、これなら解けるぞ！　他の科目と違ってわたしのやる気は上昇していた。よし！　できた！　ちょっと自信がある問題もあった。しかし、わたしの自信は予想外の理由でズタズタにされた。なんと、全部×だったのだ。でも、答えが間違っているはずがない。なぜだ。きっと先生のミスだ。早速、先生に抗議した。そして、予想外の答えが返ってきた。キミの書いた答えは合っているかもしれないけど、数字の書き方が間違っている。その書き方をする限り正解でも○にはできない。つまり×だ。

　なんということだ。信じられなかった。数字にはいろんな書き方があると抗議を続けた。実際に今までの国でいろんな

数字の書き方に出合っていたし、たとえ他の人と書き方が違っていても読めれば特に問題になることはなかった。実際、わたしが書く数字も余裕で読める。何がいけないのだ。

　すると先生は日本では書き方はひとつしかないと言いだした。え、でもアラビア数字ですよ！　日本のものでもないのになぜだ。でも確かに、他のクラスメートは全員ほぼパソコンの同一フォントかのようにまったく同じように数字を書いていた。字も書き方がほとんど同じだった。これは、すごい！　個性はどこにいったのだ。ショックだった。

　しばらく納得がいかなかったが、数学のテストだけ日本流の数字を学ぶことになった。最も問題になったのは7。そう、横棒である。ロシアでは横棒をつけるのが一般的である。これは、フランスでも同じだった。ヨーロッパではこの書き方がかなり主流である。横棒をつけるにはちゃんと理由が存在する。それは1と区別しやすくするためだ。これらの国では多くの場合、1はただの縦棒ではなく先端に折り曲げが入るカタチだ。それが7と似てしまうため7に横棒をつけることになっているのだ。

　ということは、わたしの1の書き方もダメになる。困ったなあ。だって、そうすると文字のlやLとの区別が難しくなるではないか。日本語だけ使っている分にはいいかもしれな

いが、わたしは他の言語も使うし、いつまた海外に行くか分からない。直すのも気が引けてしまうのだ。

　次に問題になったのは２だ。日本の書き方より曲線が多い。先生いわく「αと似ていて紛らわしい」のだ。でもロシアでもアメリカでもそう書く人がいるから問題ないはずなのに。

　３はなんとかクリアしたが、４でもクレームが来た。なんと、横棒が縦棒を突き抜けてないといけないというのだ。ふむふむ。これはまだ一理あるかもしれない。でもどちらでも読めることに変わりはない。５もなんとかクリア。

　しかし、６と９はダメらしい。そう、ロシアでは６の上の部分と９の下の部分を丸めて書くのだ。９がgに似ているから紛らわしいらしい。でも、６は逆に丸くしないとbに似てきませんか？　同意は得られなかった。仕方ない、これは直すか。

　こうやって、しばらくわたしは２種類のフォントを使い分けることとなった。自分用のフォントとテスト（先生）用のフォント。くだらないことだけど、自分の手書きは個性だと信じていたので面倒くさいことをしばらく続けていた。

　今では、すっかり折衷案のようなフォントで定着してしまってあまり個性を気にしなくなったけれど、それが逆に今のわたしの個性かもしれない。そんなことより字が汚いのをど

うにか直すことを心掛けたほうがいいのでは？　という声が聞こえてきそうだ。

　でも思い返せば、ロシアの人もみんな似たような数字の書き方をする。それを見るとロシアの人が書いた数字だとすぐに分かる。これは数字に限ったことではない。英語のアルファベットもそうである。英語を書いているのに、ロシアの人が書いた英語だと分かってしまう。

　一度ロシアの学校で受けた英語の授業で英語のアルファベットの書き方が違うと指摘されたことがある。わたしは、イギリスから戻ったばかりでイギリスのアルファベットの書き方を学んだ直後だった。正しい英字の書き方だけど、それはロシア流英字の書き方ではなかったのだ。そのとき、イギリス帰りが相当効いたからか直さなくて済んだが、ここでもやはりその国の書き方が正しいとされる傾向にあった。

　書き方はぜんぜん違うけれど状況は日本に似ている。日本の人が書く数字や英語のアルファベットも日本の人（日本で数字を習った人）が書いたと分かってしまう。なんとも不思議だ。

　アメリカやカナダやイギリスではいろんな書き方をする人がいたし、読める限り高学年では書き方を強制しようとする先生はいなかった。みんな自分らしさをどんどんフォントに

反映させていた。

　書き順やはねなどが重要となる漢字文化がある日本。数字やアルファベットにもこの精神が受け継がれているのかもしれない。一方、基本を学びながらも書き方に個性が許される欧米。多様性を重要視する文化を象徴しているのかもしれない。

　住んでいる環境によって手書きも変化し続けると思うととても面白い。筆記体が基本の国もあればブロック体を使う国もある。両方を使い分ける国もある。そうすると個人に委ねられる部分もかなり大きい。

　いろんな書き方やスタイルとその裏にある意味を知ることで、世界のいろんな考えに触れることができるかもしれない。またそこから多様性に触れることができるかもしれない。

　自分が今書いている書き方は実は本当は自分にいちばん合っている書き方ではないかもしれない。それぞれの国の文化や考え方が書き方に表れていると思うと、世界のいろんな書き方をもっと知りたくなる。いろんな書き方を試してみたくなる。数字の書き方ひとつっってもとても興味深い。

# テストは？

世界では、90年代から
こんなものがテストに持ち込み可だった

　カナダの中学校に転校して、数学のテストがやってきた。さあ計算するぞと張り切っていたわたしをとんでもないことが待ち受けていた。周りを見渡すと、みんなカバンから板チョコに似た長方形の箱のようなものを取り出した。

　あれは、何？　あまり見たことがないカタチだった。みんながそれを開くと、なんとそれは計算機だった。しかも、単純な計算だけではなく関数や微積分まで計算できるやつだ。え？　皆さん、これはテストですよ！　計算機はダメでしょ。でも、みんな気にせず計算機で計算をしながら答えを解答用紙に書いていく。

　むしろ計算機を持っていないわたしのほうが変だという視線すら感じるくらいだ。信じられなかった。だって、それだと何をもって数学ができるというのですか？　計算ミスが多

いわたしだったからこそ、なんだか悔しくすらあった。計算機なんて持ったこともない。とりあえずなんとか自力で計算してテストを乗り切ったが、「みんながズルをしているのではないか？」という感覚が抜けなかった。

　それを察したのか、先生はこう話しかけてきた。「言いたいことは分かる。でもこの学年になると、ミスのない計算能力より、このテーマの数学の仕組みをちゃんと理解できているか、その上で問題の解き方を知っているか、そこを見ているんだよ。別に公式だって知らなくていい。ほら、たまに問題の頭に書いてあるだろ？　それをどう使えばいいのか、使うと何ができるか、それを分かればいいんだ」

　なるほど。確かに。そういう見方もあるのか。今までと違いすぎて困惑したが、わたしも早速計算機を手に入れた。これが、次に日本の学校に転校するときにはとんでもない苦労につながることを、このときは知る由もなかった。

　思い出すと、いろんな学校にいろんなテストのちょっと変わったルールがあった。

　例えば、カナダの学校でのもうひとつの衝撃は、すべてが選択問題という試験があったことだ。これもなんだかちょっとバカにされているような気が最初はした。そんなにヒントがなくても分かるものは分かるし、勘で答えるのはなんだか

格好悪い気がしていた。数学で選択式ですよ！　今まで、出合ったことがなかった。途中の計算とかどうなるんだ。あ、ここではみんな計算機を使うのか。

　でも英語やフランス語の時間になると選択式をとても喜んだ自分もいた。苦手な科目はやはり分からないから選択式の方がまだなんとか運良く正解を選べるかもしれない。方向性だけ分かれば後はなんとかそれっぽい答えにたどり着けそうな気がする。

　そうか、これは苦手な人を救うためのシステムなのか。ちょっとだけやさしさを感じた。でも、選択肢の中には全部間違っているという選択と全部合っているという選択肢もあって、なかなか引っ掛けられる。

　ロシアの学校では座っている縦の列によって出題される問題が異なった。なぜかって？　それは、カンニングをしないためだと思う。ひとつの長い机に座るから隣の人の解答を見ようと思えば見られる。優等生の隣が悪ガキだと特に、すぐカンニングをしようという発想になる。列で問題を分ければ、この問題は簡単に解決する。だって隣の解答が見えても何の意味もない。みんな自力で頑張るようになるのだ。奇数列と偶数列で問題を分けることが多かった。

　算数なら、同じレベルの計算問題を別の数字を使って出題

世界では、
こんなものが持ち込み可!?

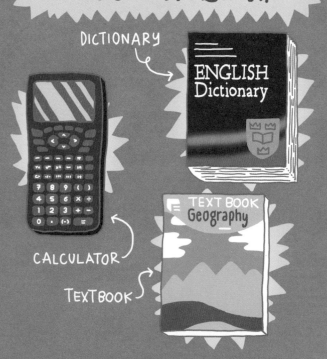

DICTIONARY

ENGLISH
Dictionary

TEXT BOOK
Geography

CALCULATOR

TEXTBOOK

する。自分が座っている列の問題を解く。評価が不公平にならないかって？　確かに、日本だと同じ問題を出題してその上で能力を比較することに意味を感じるかもしれないが、ロシアではそういうことはまったくない。ちゃんと本質が理解できていれば数字が変わったくらいで解けなくなることはない。

　大学生になると、くじ引きのように問題を引いて全員違う問題を解くなんてこともあったと親から聞いたことがある。確かに多少の当たり外れはあるが、ちゃんと勉強していれば「運」なんて関係ない。優等生はそう信じているようだった。

　アメリカの小学校ではみんなそろって、よーいどん！　でテストを受けた記憶がない。もちろん問題が出題されてみんなでそれを解くというのはあっても、それは日本でいう「テスト」というより「抜き打ちクイズ」や「練習問題」のような感覚だった。

　出し方もさりげないし、用紙も構えた感じではなくテスト感をあまり感じない。何度もやり直せたし、「できない」「分からない」という感覚もあまりなかった。みんな最後はできる、正解にたどり着ける。なんだかとても不思議だった。「これはテストだよね？」と毎回疑ってしまうほどだ。

　それではどうやって成績をつけるの？　わたしも最初そう

思った。でも、先生はちゃんとみんなのことを見ている。誰がどれくらいできるかも知っているのだ。

　そういえば、イギリスの学校でも同じような感覚だった。1テーブルで1チームだから最後はみんなでひとつの答えを出す（※詳しくは、34ページ「座席は？」参照）。だから、当てられて、分からない、どうしよう？　という感覚にならないし、みんなの前で恥をかくこともない。苦手な科目でもリラックスして取り組めるのだ。だからいつの間にか苦手意識がちょっとなくなる。それも成長につながるのかもしれない。ここでも先生はちゃんとそれぞれの能力とチーム内の活躍を見ている。

　テストにはいろんなやり方と特徴があったが、学年が上がると暗記を必要とするものはほとんどないというのが特徴だった気がする。計算機や辞書の持ち込みが許されたり、教科書を持ち込んでいいテストすらあった。それは、求められるすべての答えは教科書にも、辞書にもないし、計算機が知っていることでもないからだ。

　テストは何のためにあるのか。何を見るためのものなのか。児童・生徒は何をどういうふうに評価されるべきか。それを考えると、とても興味深い。

# 満 点 と は ？

フランスの学校では、16/20が100点!?

学校のテスト。100点をとると、とてもうれしいですよね。それは、万国共通の気持ち。日本の子どもが「100点」をとって喜ぶように、ロシアの子どもは、「5」をとって喜び、アメリカの子どもは「A＋」をとって喜ぶ。

　数字だったり文字だったりするが、すべてに共通することは最高得点であること。

　でも、同じ「最高得点」でも「最高得点」をたくさん与える主義と、なるべく与えない主義というのが国によってあるようだ。フランスの学校に転校して、そう感じた。いくらとてもよくできたテストでも、16/20以上はなかなかとれない。特に作文のような正解がない問題が多く出題されるフランス語などの授業になればなるほど、この傾向は見られた。

　ある日、先生に聞いてみた。すると、「満点はパーフェクトを意味するけど、パーフェクトとはよっぽどのことがない限り起きない状態だ。そう簡単に毎日や週一で出合えるものではない。人生で何度かしか起きないようなことだ」と。

　なるほど。確かに、わたしの解答はいい解答だったかもしれないが、パーフェクトかと言われたら、涙が出るほどの感

動はない。わたしは、納得した。でも、そこから先生が感動するほどの解答とは何か、いつか出してみたいと思うようになった。

　そういう意味で、フランスでは子どもも大人と同じように接せられる傾向にある。理由を説明して、人生はそう簡単に素晴らしいことは起きないし、努力が必要だと教えてくれる。でも逆に8割できていれば素晴らしいとも教えてくれる。

　その逆を感じたのは、アメリカだった。とにかく褒められる。半分くらいしか分からなくても、いいところを見つけては先生が褒めてくる。「よく頑張ったね！」とかわいいシールがノートに貼られる。そして、全部できるまで、つまりそれが満点なのだが、何度でも取り組むことができる。「わたしでも満点がとれる！」というのが自信につながり、子どもは頑張るようになるという仕組みだ。でも、「それくらいでいいんだあ」と思う子どもも出てくる。そのために、アドバンスドクラスや飛び級が存在するのかもしれない。

「褒める」方式の逆をとっているのは、ロシア。いい点をとるのも重要だが、それよりみんな悪い点をとるのを恐れている。5段階しかない評価システムで、「1」は基本つくことがない。つまり、「2」が最低得点。アメリカでいうところの「F」だ。カタチが、白鳥に似ていることから、「また白

鳥があなたのところへ泳いできたの!?」と母親に怒られることがしばしば。さらに、2ばかりをとる人を示す言葉もあり、これだけは呼ばれたくないから「2だけはとりたくないなあ」と思うようになり、最低限は勉強するようになるというわけだ。

　採点システム。ただの数字や文字に見えるかもしれない。でも、褒めて育てるのか、厳しさをもって育てるのか。「満点」という概念を設けるのか設けないのか。実は、これはすべて学びへの姿勢に影響を与えている。採点システムを柔軟に変えていくことで、どんどん子どもたちのやる気を引き出していけるかもしれない。

# 水 泳 は ？

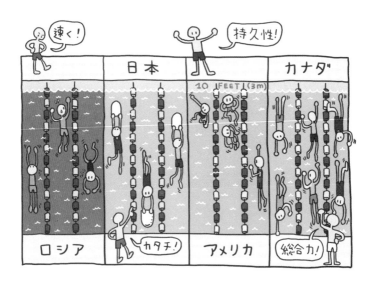

日本の水泳教室は、
タイムよりカタチだった

わたしは、5歳くらいから中学2年生まで水泳を習っていた。水泳というと、クロールとか平泳ぎとか背泳ぎが思い浮かぶが、これは、世界のどこの国に行っても一緒だ。でも実は、水泳の教え方や目標などは国によって異なる。そう思い知らされたのは、小学4年生のとき、日本のスイミングスクールに通うことになったその日だった。

　5歳で水泳を習い始めたとき、当時のソ連でプールは日本のようにほとんどの小学校にあるものではなく、街に数カ所しかない珍しいものだった。通っていたプールはというと底のタイルが暗い色で、子どもの身長では足が底まで届かず、深さを理解することなく泳いだ。ある日、先生が「実は、このプールの底にはサメが泳いでいる。泳ぎの遅いやつはサメに追いつかれて食べられる。泳ぐ速度を落とすな」と言い始めた。まさかと思いつつ子どもたちはかなりビビッて、怖さのあまりみんな全力で泳いでいた。毎回、すごくヘトヘトになりながらも泳ぐスピードはかなりの速度で上達していった。

　そこから数年後、大好きな水泳をまた習おうと通うことになった日本のスイミングスクール初日。クロールや平泳ぎ、

背泳ぎをマスターしていたわたしは、バタフライを習い始めるクラスを希望した。先生は、「分かった、ちょっと泳いでみなさい」と言ったのでわたしは、25メートル泳いでみせた。なかなかうまく泳げたので自慢げな表情で先生のほうを見ると、怒鳴り声が飛んできた。

どうやらフォームがなってないと。わたしは、ショックだった。スピードはかなり速いはずだ。ならば、なんで不満があるのだろうと思った。先生は続けた。「ビート板から全部やり直しだ」。わたしは、ショックと怒りで震えながら、先生にある提案をした。もしも、今日いるいちばんクロールが速い生徒よりも速く泳いだらわたしの泳ぎ方をほっといてほしいと。

先生は一瞬渋ったが、勝負は実現した。そして、わたしは勝った。よしこれでバタフライが習えると確信したが、そう甘くはなかった。日本では、フォームがとても重要で息継ぎをするタイミングと顔を上げるときに向く方向が決まっていると説明され、先生は食い下がった。その結果、わたしはビート板の練習を強いられる羽目になった。ただただ速く泳げばいいと思っていたわたしの常識は見事に覆された。ここでは、スピードよりもカタチが重要だ。

ビート板から１年、今度はアメリカのスイミングスクール

に通い始めた。スピードもあるし、ビート板でかなり基礎も身につけたから今度こそバタフライを習えるはずだ。すると、まず先生は、プールの深い端に飛び込めと言った。そして、そのまま10分間浮いていろというのだ。あれ？　泳ぐんじゃないんだ？　と驚きを隠せなかったがとにかくやってみた。しばらくしたらなかなかきついではないか。なんとかクリアはできたが、先生からは「このままだと、あなた海で流されたら30分も保たないわよ！」と言ってきた。

　ここでは、スピードでもカタチでもなく、まず水にずっと浮いたり、潜ったり、長く泳ぐことが大事とされていることが分かった。カタチや息継ぎのタイミングは自由だ。なぜなら、身につけるのは万が一海で流されても、溺れそうになっても、サバイバルできるスキルだからだ。深いところにいってもパニックにならない。

　ここは、日本の浅いプールだと学べないところだ。ゆっくりでいいから長く泳ぐ。泳ぎ方も「横泳ぎ」のような疲れないものも習うのだ。これをマスターしない限りバタフライは習えないとのことだった。ちょっと悔しかったが、ここまで来たらなんだか面白そう。わたしは、ひたすら３メートルの深さで浮くことや「横泳ぎ」をマスターした。

　もうここまでマスターしたら、文句はないはずだと、さら

に1年後、日本のスイミングスクールに戻ってきた。ようやくここで、念願のバタフライを習うことになる。いくら泳ぐのがうまくなっても日本ではなぜかビート板を使う練習があることは驚きだった。「基礎」をしっかりさせるために違いない。ただバカンスで楽しく泳ぐためにはあまり意味がないことだが、本当に選手を目指すならばこれはとても素晴らしい方法だ。

　カナダで選手育成プログラムに参加してみて気づいた。足の力がぜんぜん違う。カナダのチームメートはみんな手の力に頼っていることが多かった。日本にいたとき、地道にビート板で足を鍛えたわたしは、足の力が重要なバタフライがカナダで習った子どもたちよりも速くなっていたと判明する。

　スピード、カタチ、持続性。確かにどれも重要だ。でもどれに重点を置くか、その理由はどこにあるか。水泳を通して子どもたちに何を学んでほしいのか。そもそも何のために習わせるのか、何のために習いたいか。そのことを考え始めたら自分にとってもベストなやり方が自然と見えてくるのかもしれない。これは、もしかしたら、あらゆるスポーツや勉強に共通して言えることかもしれないと思うと、かなり興味深い。

# 音楽は？

読んで声にするか　読んで音にするか

 本も音楽もＡＢＣ

アメリカの学校では、
本を読むようにバイオリンを習う

アメリカの学校に転校して、仲良くなり始めた同級生から一緒にバイオリンを習いに行かないかと誘われた。「バイオリン?」。バイオリンは以前習ったことがあったので興味が湧いた。

「いつ?」と聞いてみたら、なんと「今からだ」というのだ。「え!? でも今授業中だよね? どこで?」と聞くと、「カフェテリア」との答えが返ってきた。どうやらこの時間、バイオリン、ビオラ、チェロを習いたい人は、カフェテリアで習えるとのこと。なるほど。とりあえず一緒にカフェテリアに行ってみることにした。

するとクラスの半分ちょっとと他のクラスの子が集まって、バイオリンなどを弾き始めたではないか。なんと、そこには悪ガキやアメフト少年の姿もあった。「え? なんで彼らもいるの?」と驚きを隠せなかった。なぜなら、以前ロシアでバイオリンを習っていたときは、クラシックはそもそもとても格式があるもので、みんなが習うものではないという空気が流れていたからだ。だから、バイオリンを弾くことにはちょっとした優越感があった。

　でもここではそんな空気は一切なかった。みんなカフェテリアで楽器を片手に練習している。しかも、みんなレベルがバラバラだし、結構な確率で違う曲を練習している。

　そうこうしているうちに、先生がわたしのところへやってきた。まず、音楽の基礎や有名な作曲家などについてのレクチャーを受けるのかと思っていたが、その予想は裏切られた。先生はただわたしにバイオリンと楽譜を渡して、「さあ練習してごらん」とだけ言って去っていった。

「え!?」と戸惑っていると先生はまた戻ってきてこう言った。「音楽は音読とよく似ている。書かれた文字を読み、それを声の代わりに楽器を使って音にするのだ。楽譜が読めたら楽器は誰でも弾ける。ほら、楽譜を読んでごらん」

　楽譜を見たらそこにはドレミではなくアルファベットで音程が書かれていた。一瞬戸惑ったが、音楽の知識がなくてもこれは誰でもすぐに理解できる。確かに分かりやすかった。あとは、楽器の音に置き換えるだけだ。楽器に貼ってあるシールの位置に指を置く。なんだか本当に本を読むのと同じような感覚だった。急に特別なことではなく誰にでもできることのように思えた。以前のあの敷居の高さはなんだったんだろうか？

　あとから詳しく聞いたらこのクラスはストリングス

（Strings）と呼ばれ、弦楽器に興味がある児童は誰でも参加できる。楽器は学校が貸してくれるし、お金もかからない。時間も授業時間内だから特別なスケジュール調整もいらない。簡単な曲から練習して弾けるようになったら、先生からシールをもらう。次の難易度の楽譜をもらって今度はその曲を練習する仕組みだ。なんだかとても新しい。わたしもストリングスのメンバーに加わった。

このシール集めは春ごろまで続き、わたしも5〜6個シールを集めることに成功したころで、発表会があることが分かった。集めたシールを貼るための胸元につけるリボンが配られた。

当日、コンサートホールに行くと他の学校の子どもたちもいっぱいいた。総人数は100人を軽く超えていた。そして、みんな同じシールが貼ってあるリボンを胸につけているではないか。シールの数ごとにホールのステージに並んで、みんなで演奏するシステム。

シールの数は何曲目まで弾くかというサイン。つまり、6個のシールなら6曲目まで弾いて、その後は、バイオリンを持ってスタンバイする。曲が難しくなるにつれて弾く人が少なくなりスポットライトを浴びることになる。長くステージに立てるし、最後まで拍手が送られる。これが次の年の練習

のモチベーションとなるわけだ。

　特に、音楽のうんちくや過去の偉人は最後まで教えられることはなかった（自分たちでモーツァルトとは誰だ？　と調べることはあった）。優等生からやんちゃな悪ガキまでみんな単に楽しくバイオリンやビオラやチェロを弾いていた。

　弾いてみないと、音楽の楽しさは分からない。自分にその才能があるかもしれないということも分からない。弾くことを入り口に、多くの子どもたちにクラシックの奥深さを見事に教えているのである。そして彼らは、ひとつ新しい世界と出会う。

　この方法は一流の芸術家を育てるにはベストではないかもしれない。でもほとんどの人は何のために芸術に触れるのだろうか。これは芸術だけではなく、すべての学問に言えることなのかもしれない。もしそうならば大人たちは子どもたちをどう、それぞれの世界へ引き込んでいくといいのだろうか。とても考えさせられる課題だ。

# ノートは？

小学校のノート模様。
実は、こんなにたくさんあった

　小学校でメモや計算や字の練習に使うノート。

　実は世界のノートはいろいろ。あんなノートやこんなノートがあった。

　わたしのノートとの出合いはもちろんロシア。ロシアのノートは当時、緑色の表紙で正方形に近いカタチをしていて枚数はやや少なめ。紙の厚さは薄めで、濃いインクのペンだと透けてしまうことがあるかもしれない。表紙にはどの科目用か、「このノートは○○の持ち物」と使う人のフルネーム、クラス、学校名が書いてある。

　表紙を開くと、ロシア語などの場合は、横の罫線が書かれている。そこに筆記体で文字を書く。そう、文字はすべて筆記体。ブロック体は教科書などの書物でしか使われない。右端には先生が評価などを書き込む「余白」がある。算数の場

合、方眼仕様のノートを使う。ここでも右端の「余白」は欠かせない。方眼仕様だと計算しやすいし、図形なども書きやすい。これ以外のノートを算数で使うことは許されていなかったが、かなり理にかなっていた。

　イギリスの小学校に転校して驚いたのは、ここでは英語でも算数でも同じ横罫線のノートを使う。文字は余裕だが数字と式のバランスを保つのが難しい。

　ノートの大きさはロシアのノートよりも少し大きく、長方形のカタチをしている。左端にはリングがあり、簡単に開いてすでに使用したページを後ろに送れるようになっている。そして枚数が多くて分厚め。ここでは、えんぴつを使うから文字が透けるということはない。

　表紙に名前を書くフォーマットがない。でもみんなどこかに名前を書く。しかし、ロシアのようにクラスは書かない。そして、フルネームでもファーストネームでもニックネームでも自分のものだと分かればいいみたいだ。それは、ノートを先生に提出することがほとんどなかったからかもしれない。

　フランスの小学校に転校して、さらに不思議な罫線のノートがわたしを待ち受けていた。なんとも言葉では表現が難しい横線と方眼を組み合わせたような見た目をしたノートがここでは基本だった。

慣れないとこれはかなり書きづらい。そしてなんだか文字のカタチがいびつになる。特にフランスでも筆記体しか使わないから、イギリスで覚えたブロック体のアルファベットからの切り替えに時間がかかる。線を無視して書いてしまう。でも先生はあまりそれを気にしていないようだった。なんだ。それなら気軽に書けるなあ。

　このノートはイギリスと同じサイズでリングがあるものとないものがあった。リングがあるものは紙を１枚または数枚ちぎることができるから提出するときなど便利だ。その１枚だけ先生に渡せばノートごと提出する必要がない。算数の時間に慣れた方眼仕様のノートが出てくるとなんだかほっとした。

　日本の小学校に転校して最も珍しいノートに出合う。それは、開き方が逆で、なんと縦書きをするノートだ。これは、見たことも想像したこともないノートだった。

　最初は長い側面を上にして開いて書くものだと思い込んでいたほどだった。でもみんな上から下へとわたしがまったく見たこともない、読めるはずもない文字を書いていた。ここでは漢字練習用の大きい四角が四分割されている不思議なマス目のノートと縦書きのノート、そして算数用の方眼ノートがあった。いろいろ使い分けされていてノートを買いそろえ

# 5ヵ国のノート模様

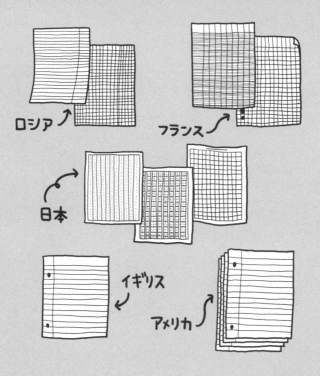

ロシア

フランス

日本

イギリス

アメリカ

るのが大変だった。

　そして、多くの同級生はすでに科目名が記入されているノートを持っていて、クラスと名前だけを書き込んでいた。大きさ的にはイギリスやフランスと同じくらいかちょっと小さいくらいだった。リングのものを使っている同級生はいなかった。ちぎって提出する概念はここにはないようだ。

　そして、文字をキレイに四角に収めないとここでは怒られる。「漢字」という模様のようなものを指定された四角の中に書こうとしても、どうもバランスがおかしいらしい。縦に書こうとすると斜めになる。このノートはクレージーすぎて大変で楽しい。

　アメリカの小学校に転校すると、なんとここではみんなバインダーを持っていた。そしてルーズリーフの束を持ち歩いていて、メモをとったり計算したり、作文を書くときに1枚取り出す。使う。そして、バインダーに挟んでいく。バインダー。これは新しい。書いたメモの順番を入れ替えたり、重要なものだけまとめたりなど「編集」するという行為がここにはあった。

　またバインダーに挟むのはメモだけではない。配られるプリントなどもそこにどんどんストックするのだ。そこで登場するのがホールパンチャー（Hole Puncher）という道具。プ

リントにバインダー用の穴を開けるためにあるのだが、これが大活躍する。

　バインダーはノートよりも一回り大きいがルーズリーフを挟んだりするのはとても楽しい。バインダーがいっぱいになったら古いものから外していく。バインダーは大きいので必要なメモだけ家に持って帰ることもできるし、先生に1枚のルーズリーフで書いた宿題を提出することができる。今までのノートの概念とちょっと違って面白い。リングつきのノートを使うこともあったが、バインダーという新しいスタイルにすっかりはまってしまった。

　用途によってノートを分けるところ、すべて共通フォーマットを使うところ。ノートひとつとってもいろいろなやり方がある。それは、各科目のフォーマットや字の書き方やカタチなどをどこまで強制するかによるかもしれない。

　また、先生とのコミュニケーションの在り方によっても変化するのかもしれない。また、言語の在り方によっても変わるかもしれない。

　小学校で出合ったノートは、その後の学習の仕方にいくらかはきっと影響を及ぼす。

　ではどんなノートが自分や学んでいる環境にいちばん合っているのか？

大学生にもなれば好きなフォーマットを自分で見つけて使うことができるが、もし小学校からそれを見つけることができればその後の学習も変わってくるかもしれない。そう思うと、とても興味深い。

# お金は？

## リンゴとお金の関係

イギリスの学校では、リンゴでお金を学ぶ

小学３年生でイギリスの学校に転校して、「自分でお金を稼ぐ」という概念に出合うことになる。それは、午前中の授業の間にある長めの休み時間のことだった。

　校庭でリンゴが売られていて、多くの子どもたちがそれを買ってはおいしそうに食べていた。それを見たわたしもリンゴが食べたくなった。だが、よく考えたらお金を持っていない。そうか、イギリスの小学生は学校にお金を持ってきているのか。これは、ロシアにはないことだ。小学校低学年はお金を持っていないのが普通である。不思議に思い、なんでお金を持っているのかと早速一緒にいた同級生に聞いてみた。すると、なんと「稼いだ」というのだ。

「え!?　どういうこと？」とさらに聞くと、「皿洗いをして、親から"給料"としてもらったんだよ」と。「もちろんみんながそうではないかもしれないけど、うちはそうしてるの」と。そうか。これはかなりの衝撃だった。家でお皿を洗えばお金がもらえるんだ。

　考えてみると身近なところでは、何かをしてその代わりに親からお金をもらうというシステムも発想もなかった。皿洗

いをするのは、「手伝い」であって「仕事」ではないという認識だった。そこにお金は発生しない。お使いはしたことはあったし、お金の存在や使い方なども理解していた。でも、親に買ってもらうことはあっても、自分の好きなことに自分のお金を使うということはそのときはまだなかった。

　でも、イギリスやアメリカの同級生たちは、家事を手伝ったり、下の兄弟の面倒を見る代わりに親からお金を稼ぐチャンスを与えられているではないか。イギリスの小学校ではリンゴ以外は売っていなかったし、リンゴもとても安い値段だったことから、これも教育法ではないかと勝手に思う。校庭で売られているのを見て、子どもは「リンゴが食べたい！」と思うはずだ。

　では、どうすればリンゴが食べられるかを考える。親から小遣いをもらうやり方もあるし、リンゴ代をねだることもできるし、弟や妹の面倒を見たり、皿洗いや掃除、ゴミ捨て、料理などの家事をして稼ぐというのもある。他のやり方もあるはずだ。

　また、皿洗い 1 回分をリンゴ 1 個の値段にするなど、もし稼ごうと思う場合にはどれくらいのお金をもらうかも考えないといけない。子どもは初めて自分が何かをする代わりに対価をもらうという体験ができるわけだ。

また、これをすることでこれくらいお金をもらえるということも学べる。食べたいと思ったリンゴはどれくらいの価値なのかも分かる。これは多くの子どもにとって初めてお金について考えるキッカケになる。

　日本には「小遣い」という制度がある家庭が多いが、自分で稼ぐお金と与えられるお金の価値はきっと違うはずだ。そもそも小遣い制度がないロシアの子どもは「お使い」をしてお金の価値を知るが、自分でお金の管理をすることになるのは人生のまだまだ先だ。

　いつ、どのように、子どもに「お金」について教えるか、世界にはいろんなやり方がある。「お金」との出合い方が将来、子どもたちのビジネス世界との関わり方にどのような違いを与えるのかについて考えるのも、とても興味深い。

# 校長先生は？

校長と悪ガキ
の関係

PRINCIPAL

カナダの学校では、
悪ガキほど校長に会う

カナダの中学校に転校して、数日たったときのこと。金曜日ということもあり、みんなのやる気が低下していた昼下がり。授業中にいきなり机をドラム代わりにたたきながら、後ろの席で歌い出した3人組がいた。どうやらすでに、週末モード。それを見た先生は、「またか」という顔をして、壁のインターホンのボタンを押した。向こう側から「Yes?」という声が聞こえると、その先生は、「今から、○○、△△、××をそちらに送ります！」と一言。そして、3人に向かって「○○，△△，×× principal's office now！」（今すぐ校長室へ行け！）と叫ぶ。すると、3人組は仕方なく席を立って、校長室へ向かったのである。

　ふむふむ、そうか。ここカナダでは、先生は注意はするが、生徒との問題を解決するのではなく、問題が起これば校長室に悪ガキを送り込み、校長先生がその問題を解決する役割を担っているのだ。後日、校長室の前に椅子が並んでいて、多くの悪ガキが校長室に呼ばれる順番を待っているところを目撃したが、日本人から見るとなかなか異様な光景かもしれない。

　残念ながら、わたしは校長室へ行ったことはないが、どうやら話し合いが行われて「居残りの罰」などを言い渡され、それで解決が難しい場合は親が呼び出されるらしいのだ。そのため、万が一授業が荒れても、その仕掛人がすぐにクラスから追い出されるので授業が止まることはない。他の生徒は、学びを継続することができるし、この出来事をあまり自分に関係あることとして捉えない。

　追い出された生徒は生徒で、より大ボスである校長先生と向き合わないといけなくなり、先生に対する個人的な怒りもあまり覚えない。そして、親にすぐに連絡がいき、共有される。このシステムにより校長は多くの生徒のことを知っているし、しかも優等生よりも「校長室の常連」である悪ガキをより知っている。「叱る」知見もどんどんたまる仕組みだ。

　この対応はわたしにとっては、とても意外だった。日本の小学校にいたころ、どんなに反抗やイタズラをしても、先生は親に言うことはなかった。むしろ、いいところを見つけて常に親の前で褒めるのである。海外で親が「bad behavior」と言われるところを日本では「とても元気がある」などと表現され褒められた。そして、先生は問題が起こるとクラスの授業を止めてから反抗をやめさせて、解決しようとするのである。日本の中学校でも、校長先生の話を朝礼などで聞くこ

とはあっても、一対一で話すことはあまりない印象だ。

　そう考えると、「教える」だけではなく、「叱る」にもいろんなやり方があることに気づく。どう「叱る」か、どこまでその内容をみんなに公開するか、これも重要かもしれない。悪いことをしたら権力者によって居残り、停学、退学などの具体的な内容がある「罰」を受けさせることで反省させるのか。「みんなに迷惑がかかる」と抽象的な話で良心に訴えるのか。みんなの前でそれをやるのか、個別にやるのかも、その後のクラスとの関係に差が出るかもしれない。親を巻き込むのか、巻き込まないのか。親は、先生の味方か、生徒の味方かなどもその後の生徒の態度に大きく関わってくる。「モンスターペアレンツ」や「集団いじめ」などの問題が叫ばれている中で、「叱る」ということについてもう一度考えるのも興味深いと感じる。

# 夏休みは？

ロシアの3ヵ月ある
夏休みの過ごし方

BEST 4

おばあちゃん/
おじいちゃん家

ダーチャ

キャンプ

南国の海

ロシアの学校では、夏休みが3カ月ある

日本の小学校に転校して5月がやってきた。しかし、誰も夏休みの話をしないではないか。6月になってもいっこうにその話にならない。「え、夏休みはいつなの？」と聞くと、なんと7月末まで学校があるというのだ。信じられなかった。夏なのに、休まないなんて。

　ロシアの小中高大の夏休みは3カ月間。6月から8月までずっと休み。そう、文字通りの「夏休み」。5月の後半になると夏休みのことでみんな頭がいっぱい、ワクワクし始めるのだ。

　ちょっと長すぎるって？　よく学校に復帰できるって？いえいえ、ぜんぜん余裕です。むしろ、それくらい休むとちょっとそろそろ学校に行きたいなあなんて気持ちも芽生えてくる。

　では、ロシアでの子ども時代、夏休みに何をしていたのか。メジャーな4つを紹介しよう。

## 田舎（郊外）のおばあちゃん、おじいちゃん家

　この過ごし方は、日本にもある。田舎または郊外に住むおばあちゃんやおじいちゃんの家にしばらくステイする。多く

の場合、畑を持っているのでそこで一緒にいろんな野菜や果物を育てる。

わたしのおばあちゃんも畑を持っていて、マンションの窓の外から見える畑はいつでも見張っていられるから、キャベツ、イチゴ、いろんなウリ科の野菜など、特に楽しみな野菜や果物を植える場所になっている。

家からちょっと歩いたところでは、いろいろな種類のジャガイモを育てていた。このジャガイモは趣味で育てるものでも売るためのものでもない。冬の大事な食料だ。なぜなら、ロシアでは冬は野菜が採れないし、ほとんど買えないからだ。だから、夏の間に育てたものを冬の間に食べる。蓄えておかないと、食べられなくなるかもしれないのだ。

ベランダにはトマトもあった。ジャガイモ以外の野菜たちは酢漬けまたは塩漬けにして冬に食べる保存食になる。食卓の彩りだ。夏が終わりに近づくと、トマト、キュウリ、ウリ、キノコ、ジャム、コンポートなどが詰まったビンがたくさん家の中に並ぶ（もちろん、今ではスーパーに行けばなんでも買えるが、これは約30年前のこと）。

孫たちは、おばあちゃん、おじいちゃんの畑仕事を一生懸命手伝う。野菜や果物の育て方から、肥料のこと、害虫とその退治法、秋が近づくと酢漬けやジャムのつくり方など、さ

まざまなことを学ぶ。毎年やれば自然と知識がたまっていく。

　リンゴやベリーを育てるおじいちゃん、おばあちゃんもいる。それ以外にも編み物、刺しゅう、木細工、伝統楽器の演奏などいろんなことを教えてくれる。親が忙しくてなかなかできないこともここではたくさん体験できるのだ。

**自然に囲まれたダーチャでのんびり**

　もうひとつの過ごし方は、家族とダーチャに行くこと。ダーチャとは郊外にある日本でいう「別荘」。でも、豪華なものではなくかなり質素だ。都会に住む人がそれなりに持っている。

　彼らは夏の間、基本そこで暮らし、仕事場にそこから通う人もいるほどだ。何をするかというと、特別何かをするわけではない。自然を楽しみながらのんびりするだけ。

　森に行って自然に触れたり、ベリーやキノコやハーブを採ったり、湖や川で泳いだり、畑で野菜や果物を育てたり。

　夕方は近所の人たちや家族とトランプやドミノをする。水道がないところもあったりするし、火をおこすためのまきを割ったりするところもある。

　都会とは一味違う生活。子どもたちは森のこと、植物のこと、自然の中で生きること、ちょっとしたサバイバルのこと

を学ぶ。普段は7階建てのマンションに住んでいる分、ここは自然と共に生きることを家族からどんどん学ぶ大事な場所だ。

## 親がいないワクワク感満載のキャンプ

これは、日本でよくある1泊だけキャンプ場にテントを張って過ごすものではない。子どもたちが親元を離れ、1〜2カ月間、日本でいう林間学校のようなところに泊まりながら共同生活をしていろんなことを学ぶ。

小学1年生から高校3年生まで行くことができる。でもそんなに簡単には行けないから、ある種のステータスでもあった。工作をしたり、出し物をしたり、パーティーがあったり、さまざまなことをして子どもたちが子どもだけで夏を楽しむ。

キャンプには、数学キャンプなどテーマがあるものも存在する。自分の興味のあるテーマのキャンプに行くとたくさんの同じ趣味の仲間と出会う。どんどんスキルや興味を磨いていくことができる。

近くには、森や海があったりするところもあり、都会とは違う生活を味わいながら子どもたちは一回り成長して帰ってくるのだ。その間、親は親で別の場所でバカンスを楽しんだり、仕事に取り組むことができる。そう、親も職業によって

は1、2カ月夏休みがもらえるのだ。

## ２週間以上ごろごろ家族旅行

ロシア人の憧れ、それは暖かい海だ。家族で行って、何も
しない。海の前でひたすら休むだけ。たくさん泳いで、たく
さん寝て、たくさん食べて、たくさんごろごろする。それだ
け。海に行けない人は湖などに行くこともある。期間は最低
でも２週間。でも１カ月行く人もたくさんいる。

冬が長い国だから日光浴は貴重な体験。南の強い太陽で小
麦色に焼けた肌が何よりもステータスだ。特に昔はそんなに
簡単に行けなかったから暖かい海は自慢の夏休みの過ごし方
だった。だから日焼けからシミがたくさんできたおばあちゃ
んは、若いころからたくさんバカンスを楽しんだ証拠として
そのシミを愛でている。

北の太陽は紫外線が弱いから、そんな簡単にはシミにはな
らない。この過ごし方、なんだかもったいないと思う人もい
るかもしれないが、ゆっくりするのは意外と大人でも子ども
でもいちばん重要なことだ。

３カ月もあって暇だと思う人がいるかもしれないが、ロシ
ア人はみんな子どものころから休むことをしつけられている
し、それを自分なりに楽しむことができる。そこで趣味を見

つけたり、スキルを身につけたり、リフレッシュしたりする。だから、大人になってもメリハリよく働けるのだ。

　逆にこの時間がないとみんな長い冬に働く元気と食料を蓄えられないかもしれない。これは、日本のワークライフバランスのヒントにもつながると感じる。

　そして、もちろん学校には冬休み、春休み、秋休みも存在する。たくさん休んでいるからといって特に他の国に比べて学力に差はない。むしろ進んでいる教科だってあるかもしれない。

　休みってなんだろう？　休みそのものが人生の自由研究なのかもしれない。そう考えると、各国の夏休み期間は興味深いトピックになる気がする。

# 科目は？

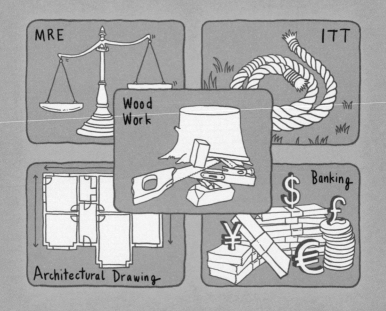

MRE

ITT

Wood Work

Architectural Drawing

Banking

$ ¥ £ €

カナダの学校で体験した
ちょっと変わった科目5選

カナダの中学校に転校して、まず校長先生からスケジュール表が渡された。「これに沿って頑張って行動するように」。そう、ここでは固定されたクラスがなく、まるで大学のように、それぞれがそれぞれのスケジュールに沿って毎日動くのだ。

　全貌がまだ把握できていない校舎の中で、毎回それぞれの教室を見つけるのはなかなか大変そうだったが、少しワクワクした。そして、スケジュールをのぞき込んでみると、まず目に飛び込んできたのはその日の締めくくりに書いてあった「ＭＲＥ」という３文字の科目だ。「この授業は一体なんだ？」。見当もつかなかった。

　教え方や進み具合が違っていても、どの国でもほとんど同じような科目を学んだ。でも、ここではちょっと変わった科目の数々がわたしを待ち受けていた。その中から、特に記憶に残っている５つを紹介しよう。


**ちょっと変わった科目その１ ： Architectural Drawing**

　これは、中学１年生向けの１学期間だけある科目。文字通

り建築図面の描き方を習う。「でも、なぜ？」。その疑問は最後まで解けなかった。

　この授業では、まず自分のドリームハウスについて詳細な説明を書く。いわゆる作文だ。どこにあって、どんな部屋があってなど想像力が膨らむ。もちろん、とんでもないことや物理的に無理なことを書いてくる生徒が続出。

　でも授業は次のステップへ。今度は、その家のビジュアルイメージのスケッチを描く。ここでもファンタジーがさく裂。

　最後に、それを図面に落とし込むというステップが待ち受けている。これが、なかなか難しい。突然現実に打ち当たるのだ。でもこれこそが建築の世界。可能と不可能を知ることから始まることを教えられる。建築にフィクションはない。完成したひとつのプレゼン資料のようなブックが授業の提出物だ。

## ちょっと変わった科目その２：ＭＲＥ

　こちらも、中学１年生向けの授業。ずっと「ＭＲＥ」と略されて呼ばれていて、その正式名称は最後まで分からなかった。ここでは、宗教かモラルを教わる。カトリックなら宗教。無宗教あるいは他の宗教の生徒ならモラルの授業を受ける。

　わたしは、モラルクラスを履修したが、宗教と違って何を

学ぶべきかがかなり曖昧。世の中のいろんな善し悪しとされているルールについて、なんでそうなっているのかをみんなで考える。意見を言う。

　すべてには、いろんな見方があって絶対的な答えなどない。でも国家などによって決められたルールがある。その集団にいる限りそれが善し悪しを決め、人の行動はそれによって判断される。今から思うとなんだか、とても示唆に富んだ内容だった。

## ちょっと変わった科目その3：ITT

　これは、中学2年生で習った。何の略かというと"Introduction to Technology"、つまりテクノロジー入門だ。"Home Economics"という、日本でいう家庭科と半々で学ぶ授業だ。パソコンが出てくるかと思ったが、それは"Computer Science"という別の授業のようだ。ここでは、文字通りテクノロジーとは何かを学ぶ。紀元前にさかのぼって。

　最初の課題は、「街中にある草を集めて自分の体重に耐えられるロープをつくれ」だった。やり方などすべて自由だ。使うのは草だけ。ありとあらゆるロープが集まり、実際にテストされる。しかし、ほぼ失敗作。テクノロジーはそんな甘くはない。次に、ペットボトルだけから自分が30分座れるイ

スをつくるなど、文明が発展した素材を使った工作が続く。

　ただし、最後までやり方は教えられず、素材と締め切りが指定されるだけ。やり方を発明することこそが、文明（テクノロジー）の進化につながることを教えられる。


## ちょっと変わった科目その４：Banking

　これは中学３年生の授業なので、履修する前に転校してしまったわたしはシラバスしか見ていないので、正確には体験はしていない。

　この授業では銀行での口座の開き方やいろんな口座の種類、利子や定期預金やお金の運用など銀行にまつわるすべてのことを教わる授業。ものすごく実用的。

　子ども銀行口座なども含めると、この年齢だと銀行口座を持っている生徒もかなりいる。でも、複雑な運用まではなかなか親も教えてくれない。でも増やせるお金は増やしたい。当たり前のことだ。この授業を通して中学生は大人への階段を一歩上がっていくのだ。


## ちょっと変わった科目その５：Wood Work

　途中から選択制になるが、中高の数年にわたってあるのがこの授業（カナダのケベック州は中高一貫のセカンダリースクール制）。

木を使った工作を学ぶ。日本の技術家庭科の「技術」に雰囲気は似ているのかもしれないが、扱うのは木だけ。先生いわく、「これを履修すれば家のドアや床や家具の修理など日曜大工はできるようになるとても役立つ授業」。

　実際には、時計、バードハウス、イスなどどんどん複雑なものを木の板からデザインしてつくっていく。型紙や図案はもちろんない。全部自分が欲しいものを考えて、スケッチを描いて、木に落とし込む。

　カタチ、色、質感などすべて自分次第だ。ひねりすぎて完成しないのもアウトだし、想像力に欠けるデザインも高得点はとれない。そうやって、フィジビリティーを学んでいくのだ。

　今から振り返ってみると、ほとんどすべてのちょっと変わった科目に共通することは、そこには教科書もなければ、やり方も答えもない。それを編み出すのが先生ではなく生徒の役目。重要なのは、アイディア、実現力、プレゼンテーション能力だ。

　25年以上前の話なのに、すでに作文やレポートやプレゼンテーションボードはパソコンでつくっていた。なぜなら説得力があるから。まるで日本の大学のようなことがカナダでは中学校から訓練されている。

そして、もうひとつのポイントは選択制の授業がどんどん増えること。自分は、スペイン語を学ぶのか、演劇を学ぶのか、あるいはお金について学ぶのか、選択をしなければいけない。学年が上がるにつれて選択肢も増えていく。

　必然的に、自分の興味や得意分野などを考えることになるし、人生設計がここから始まる。受験に何が必要かを考える前に、自分にとって何が必要なのかを考えなければならない。これは、日本にはまだない責任が伴う自由なのかもしれない。

第2章

大人になったナージャの
5つの発見

# 「ふつう」が
# 最大の個性だった!?

　いきなりクイズ。「環境が変わると、ガラッと変わるものは？」

　答えは、「ふつう」だ。転校するたびに今まで「ふつう」だと思っていたことが、急に通用しなくなる。転校生なら少なからずみんな経験している気がする。

　小学生は、親と一緒に登校するのが「ふつう」なところから、一人で登校するのが「ふつう」なところに転校しても、その逆でも必ず先生から「登校は、ふつうはこうですよ」という説明をうける。

　何も登校に限ったことじゃない。「リュックかランドセルか」「ペンか鉛筆か」「掃除をするか、しないか」「自分たちで給食を配るのか、配らないのか」。さらには、「授業で自己主張をするのか、しないのか」。

　これは学校のルールに限ったことでもない。クラスのみんなでする遊びも、流行っていることも、好きなおやつも、何もかもに「ふつう」があって、その「ふつう」が転校するたびにコロコロ変わるわけだ。そして、それにはまっていないと、どこかアウェイな感じがするというのが多くの転校生のあるあるだ。

## 「ふつう」こそ「個性」の原料

　子どものころは「ふつう」でいたいから、周りに合わせたり、同じモノを欲しがったり、その場所では「ふつう」じゃないことを恥ずかしく思ったりする。

　もちろん、わたしも転校するたびに、それぞれの「ふつう」をじっと観察しては、周囲に馴染もうと努力して、ときには理解できない「ふつう」も、自分らしくない「ふつう」も真似してみたりした。

　でも、なんだか「ふつう」になろうとしても、どこかしっくりこないんだよね。コロコロ変わる「ふつう」になかなか追いつけない。そしてある日、わたしは気づいてしまった。わたしが追いかけている「ふつう」は、自分の「ふつう」ではないじゃないか。

絶対的な「ふつう」がないんだとしたら、自分の「ふつう」ってなんだろう？　今まで考えたことはなかったけれど、誰かの「ふつう」を真似する限り、二番煎じにしかならないし、自分の本当のよさが生きてこない気がした。

　大人になるとさらに痛感するけれど、「ふつう」の意見を言っても、「ふつう」のアイディアをだしても、誰も喜んではくれない。さらに言えば、「ふつう」ですね！　なんて言われたらショック！

　子どものころはなかなか気づけないけれど、まわりと違う自分の「ふつう」こそが、「個性」の原料だ。そう気づいてから、今まで嫌いだった自分の「ふつう」がなんだか少しだけかわいく見えた。

　ちなみに、次のページの写真のころのわたしの「ふつう」は、人前であまり笑顔を見せない、無口で我慢強い、秘密主義なポーカーフェイス。

　そう、みんな「ふつう」でいいし、「ふつう」に対するコンプレックスをもっともっと捨てられるといいなと。

　「ふつう」を磨いていくことが、「個性」を磨くことよりずっと早いという発見をしてから、ずっとそう思っている。

ナージャ9歳のころ、フランスにて

### 「ふつう」を「個性」として考えるためのヒント

1　意識して、違う「ふつう」の環境に身を置いてみる。

2　自分の「ふつう」に他の「ふつう」を少し混ぜてみる。

3　どちらにとっても新しい「ふつう」が生まれる。

4　みんながそれを「個性」として重宝するようなる。

「ふつう」すぎる人がいないように、「個性」がない人もいない。一度、逆の方向から自分の「個性」を見つけてみることが思いがけない発見につながるかもしれない。

# 苦手なことは、
# 克服しなくてもいい！

わたしにはたくさんの苦手なものがある。

食べ物や科目はもちろん、人前でしゃべること、友だちをつくること、そして新しい環境というのも実は苦手なもののひとつ。それでどうやって６カ国も転々としての？　６カ国も転々とできたなら苦手を克服できたでしょう？　と言われることもあるけれど、でも、実は克服なんてしていない。できていないと言うのが正しいかもしれないなあ。

わたしの場合、転校すると言語が変わることがしばしばあった。そうすると、見事に何も通じない！　得意だった科目も、問題が読めなければ解けないし、教科書や先生の言うことが分からなければ学べない。「転校生だし、外国人だし、仕方ないよね〜」と思うこともあった。

## 苦手を克服しようとして、さらなる絶望が……！

　苦手を克服しようと努力したことだってあった。これももちろん大事なことだけれど、でも、やっとの思いで克服に近づいたとしても、残念ながらそこには達成感はなかった……。むしろ、ある種の絶望が待っていた。

　言語に追いつこうとしているうちに、みんなはさらに先に進む。だから、母国語で学べるロシアに帰っても同じことが起こった。海外にいた分、言葉を使う機会が減り、ここでも解けない問題があった。あれ？　海外に行くまでは、優等生だったのに、今では落ちこぼれまっしぐら……。

## 苦手なものは苦手なまま、攻め方を変えてみた

　これでは、本当の意味でぜんぜん太刀打ちできない。単に克服する以外のやり方を見つけなければ！　そして、小学校のある日、国語でいくつかの単語を使って作文するテストで、作戦を思いつく。

　わたしが苦手なものは、スペル、文法、語彙。これは、テストが終わるまでに克服はできない。では、何か他に方法はないのか。海外で見つけたまわりと違う視点や経験ならある

ぞ！　一生懸命その視点を内容に取り入れてみた。

　結果、苦手な文章スキルはダメなままだけれど、内容では
かなり褒められた！　合わせると、なんと結果としてテスト
をクリアできてしまった。そうか、苦手なものは苦手だと割
り切って、違う角度から攻めればいいのか。なんという大発
見！

　そこから、「苦手」を克服せずに、逆算してどうするとい
いかを考えるようになった。

　中学2年生のとき、ついに自分なりのベストな法則を見つ
けてしまう。カナダの中学校で、地域の同学年全員が参加す
る「コミュニティー」がテーマのエッセイコンクールがあっ
た。英語が苦手なわたしとしては、とっても気が重かった。
どうすればいいんだ……。

　コミュニティーという言葉から連想される地域社会ではな
く、自分の頭の中にある「思考回路」をコミュニティーに見
立てて、そのさまざまな感情や葛藤を描くことにした。さら
に、体裁はポエムにした。

　ぶっ飛んだアイディアに聞こえるかもしれないけれど、実
はちゃんと理由があった。語彙が少なくても、文法がヘンで
もポエムだと味になる。一か八かだけれど、やってみるしか
ない！

驚くことに、わたしは優勝してしまった。同級生や英語の先生ですら、なんで英語がまだ苦手なわたしが優勝したの⁉と信じられなかった様子だったけれど、違う角度から攻めてみるやり方は成功した。

## わたしが見つけた「苦手」を克服しないで活躍する法則

1　自分の「苦手」をしっかり把握する。
2　目の前にあるルールの抜け道を探す。
3　自分がこれならできるやり方に変えてみる。
4　実行してみる。

　思い切って、この法則を他の科目にも導入してみると……人見知りでしゃべるのが苦手なので、プレゼンは絵をふんだんに使ったり、演劇は言葉を使わず体を動かして表現してみたり、理科の実験はオリジナルなテーマを設定してみたり……なんとわたしは1年もしないうちに落ちこぼれから学年のトップにまでなってしまった。
　これは、「苦手」な分野があったからこそ、できたことだと思う。だから、「苦手」なんて克服しない方がいい。

# 人見知りでも大丈夫！
# しゃべらなくても大丈夫！

　何度も書いてきたけれど、わたしはかなりの人見知り。

　転校すると、周りを観察して同じように行動して、放課後になるまでしゃべらなくていいならしゃべらないように過ごすのを基本にしていた。

　言葉が分からないからしゃべらないときもあれば、観察しているうちに少しずつ言っていることが分かるようになっても、話す量はあまり増えないこともあった。実はその言語はちょっとしゃべれるなんてこともあるけれど、目立たないようにしていれば誰にも気づかれないからしゃべらないまま過ごせる。

　日本の学校にいたときは、先生に「ナージャは日本語がしゃべれない」と思われていたからか、しゃべらないといけないプレッシャーもなく、授業で当てられたりすることもなく

過ごせる。わたし的にはラッキー！　だって、しゃべりたいときだけ、しゃべりたい人としゃべればいいから。

## 「しゃべるまで、家に帰さない」

でもアメリカなどのとにかく自己主張が大事な国では、そうもいかない。容赦なく他のクラスメートと同じように当てられるし、意見も求められる。「英語がしゃべれない」は残念ながらここでは、言い訳にはならない。ついには、「発言しないとここにいる意味がない！」とまで言われてしまった。人見知りにとっては、なかなか大変である。

「人見知り」は直さないといけない自分の欠点だと思うようになると、肩身がどんどんせまくなっていく。

「居場所がないなあ」と感じたときもあって、「なんとかしなきゃ！」と自分へのプレッシャーも感じる。顔にはけっしてださないけどね。

さらに、追い討ちをかけるかのように、先生からは「しゃべるまで、家に帰さない」なんて言われてしまうと、負けず嫌いなこちらも意地になって「しゃべってたまるか」と心の中で誓う。先生とのある種のバトルが始まる。暗くなるとだいたい家に帰してもらえることをこっちも知っている。たっ

た数時間の辛抱だ。

　先生からしても、「負けず嫌いな人見知り」はきっと厄介なキャラなんだろうなあとうすうす気づいてはいるけれど、一度始まるとこのバトルはだいたい次の転校まで続く。

## 「人見知り」は短所ではなく立派な長所

　だけど、なんでしゃべらないといけないのだろうか。なんでしゃべる以外の自己主張や意見の伝え方だとダメなのだろうか。

　表情もそうだし、文章を書いたり、絵を描いたり、楽器を弾いたり、あるいは服装などでもそれができるはず。ましてや、しゃべれなくて困ることがあるならまだしも、しゃべらない間に言葉も覚えるし、テストでもいい点を取るし、自分の意志も意見も持っているし、友だちもたくさんいる。それでいいじゃん！！！

　なんでこんなに苦しい思いをしないといけないの？　それは、大人が「人見知り」を短所だと思っているから。でも、実は、大人のこの考えは間違っている、というのが今回の発見。

　いいですか？　「人見知り」は短所ではなく立派な長所

だ！　なぜなら、人見知りは、いつもこんなふうにすごして
いるから。

1　客観的に人や状況を観察する。
2　しゃべる前にしゃべる内容としゃべり方を考える。
3　こう言ったらどんな反応があるかなあと予測もする。
4　返ってきた言葉を振り返って、次の発言を考える。

　人見知りじゃない子どもの多くは、思いのまましゃべって、
すぐに友だちもできる。だから、そこまで深く観察したり、
どうすればいいかをあまり考えたりしないと聞いたことがあ
る。新しい環境や言葉が通じない環境になればなるほどこの
傾向は強いのかもしれないと思う。
　しゃべっている量はさておき、本当にコミュニケーション
能力が高いのはどっち？　クラスの人間関係をより把握して
いるのはどっち？　本当の意味での適応能力があるのはどっ
ち？　意外かもしれないけれど、研究によるとどうやら人見
知りの方らしい。
　だとしたら、人見知りで大丈夫！　しゃべらなくてもぜん
ぜん大丈夫！　その分、他の感覚を使いながらコミュニケー
ションを磨いているのだから。

## 「人見知り」という「能力」

　わたしは大人になって、比較文化の先生と話す機会があったときに、「人見知り」という「能力」について聞いて本当に"目鱗"だった。

　それまで自分でも「人見知り」のおかげでいろいろ乗り越えられたとうすうす気づいてはいたけれど、この事実を知って「あー、やっぱり!!」と完全に救われた気分になった。

　もっともっとたくさんの人が自分や人の「人見知り」のいいところを引き出して、もっともっとポジティブに使ったり捉えるようになったら、世界はかなり変わると思う。

# どんな場所にも、必ずいいところがある！

　自分の転校の話をすると、「大変だったよね〜」と言われることが多い。「あはは、まあそうですね」なんてクールに答えがちだけれど、ぶっちゃけて言うと、それはかなり大変だし、つらいことや我慢も多い。

　でも、そればかりに目を向けると、疲弊（ひへい）して前には進めない。言葉も通じないし、環境が合わないときもあるし、「また一からのスタートかあ」……と不安やストレスだって溜（た）まる。もう暴れる以外にないときもある。でも、暴れたところで何も変わらないというのが現実。

「負けてたまるか！」と途方にくれていたある日、自棄（やけ）になって「本当にどこもいいところはないのか⁉」と今いる場所のいいところを無理矢理に探すことにしてみた。そうしたら、少しだけ気が楽になった。

　だって、探してみたらなんと意外といいところがたくさんあった。見方を変えるって大事！　そして、見方なら環境よりぜんぜん変えられる。

## いいところ探し

　こうして、いいところ探しがはじまった。振り返ってみると……。

### 苦手な科目があっても大丈夫
#### ——イギリスの学校

　グループで考えたり、ワークしたりするイギリスの学校では、「分からない」や「苦手」があっても、みんなの前で気まずい思いをすることがないことに気づいた。

　先生にピンポイントで当てられることもない。あの当ったらどうしようというドキドキとか、どうせわたしを当てても答えられないと思われているから当ててくれないんだという悔しさもない。

　グループで出した答えを披露すると、全部自力で解けていなくても、苦手な科目も少し自信がつく。

「どうせダメだあ」とすぐにあきらめないで、とにかく何か

答えを出してみる、書いてみる。たとえそれがはちゃめちゃでも、やったという努力にも意味があると気づかされた。

## アウトサイダーだと感じない
### ——フランスの学校

今までの環境ががらっと変わったのは、フランス語がしゃべれない子どもが集められていたフランスの学校のクラス。

これまでは、言葉がしゃべれないから「しょうがないなあ」と思われていたのが、ここでは誰も大目に見てもらえない！　でもその分、自分がアウトサイダーだという感覚もあまりない。「ふつう」と違うことを言ったらどうしよう……という遠慮もあまりしなくて済む。

みんな「ふつう」が違うから、一人だけ仲間はずれにならないし、言葉が下手なのもつっこまれない。これは意外と大事。それなら「ちょっと発言してみよう！」という気になる。すると、みんながしゃべれないなりにいろいろ意見をのっけてくれる。

「そんな見方もあるのか！」と議論に参加する面白さを見つけた。

## 発見するチャンスがたくさん

——日本の学校

　日本の学校は、とにかくいろんなことにみんなで取り組む。

　水泳や習字や鉄棒やリコーダー……授業じゃないときは、掃除をしたり、給食を配ったり、○○委員というものもある。そして、だいたいチームワーク。

　だから、やったことのないことでも、最初はやりたくないと思うことも、自然とみんなと一緒になってやってみることになる。すると、「意外と面白いじゃん！」とか「こういうことだったのか！」とか「やっぱりこれは合わないなあ」なんて発見するチャンスが気づかないうちにたくさん用意されていることにハッとさせられた。

## とにかく褒められる

——アメリカの学校

　アメリカの学校は、とにかくいいところを探して褒めまくる。特に成績がいいからとか、何かすごいことをしなくてもだ。

　ひとつだけよくて他が全部ダメでも、そのいいところを拾ってとにかく褒める。そして、先生だけではなく同級生も褒めてくれる。「わたしってすごいんだ！」といい気分になる。

もっとがんばる。「へーそんなもんでいいんだあ」と調子に乗るなんてこともある。

　最初はうれしいけれど、だんだんみんな同じように褒められていることに気がつく。

「なあんだあ」

　それでも、褒められて嫌な人はいない。

　でもやっぱり、誰かに褒められるためにがんばるのもなんか違うよね。

　自分のためにがんばって、うまくいったときのうれしさの方が、わたしには大事なんだと発見した。

　こうやって、それぞれの場所のいいところを見つけては、なんとかその気づきに乗っかってみる。

　うまくいかないときも、すぐに見つからないときもある。でも、不思議なことにそのときには、気づかなくってちょっと嫌な思いをしたとしても、あとあとそれが自分の役に立つなんてことはたくさんある。

# 6カ国の先生からもらった
# ステキなヒントたち

　今までは、自分が見つけた発見を紹介してきたけれど、今回は、視点を変えて、先生からもらったヒントを紹介しよう。

　言われた当初にハッとさせられたものもあれば、何年かしてやっと理解できたものもある。

　先生の言葉って、わたしの場合は最初は一言も分からないところからスタートする。その後も勝手に解釈しているところもたくさんあると思うけれど、ずっと心に残るものは、本当に奥が深い。

　特に心に残っている6つをどうぞ。

1　「すべてに理由、そして面白さがある」

　　　　　　　　　　　　　　　──ロシアの先生より

　1 + 1 = 2。

入学すると足し算やスペルなどを問答無用で覚えさせられる。勉強ってルールばかりでつまらないなあと思い始めたある日、先生はこう言った。

「一見覚えるだけのつまらなく見えることも、何人もの人が長い歳月をかけて発見し、証明し、情熱を注いで作り上げてきた。

　そうしたことを知れば、みんなもそのロマンに惹かれるでしょう。今、それに気づけないのはまだまだ経験が足りないから。でも、努力を続ければいつかきっと面白さに腰を抜かす日がくるだろう」

　何事にも必ず「面白さ」が眠っている。

「面白さがどこかにある」と思うと、今は大変でも少しだけ楽しくなる。


2　「分からないことがあるから、仲間がいる」

　　　　　　　　　　　　——イギリスの先生より

　勉強は個人主義で競い合うもので、言うなればみんなライバルだと思っていた。

　分からないことは周りに気づかれずに自分でどうにかしたり、それでもダメなら先生や大人にこっそり聞く。

　ある日、先生に聞こうかどうしようかともじもじしている

と、イギリスの先生は「仲間に聞いてごらん！」と言った。

　同級生は仲間だったのか!?　もちろん授業以外のときはそうだけれど、授業でもそうだったのか！

　自分で分かることも、分からないことも、意地を張らずに仲間とシェアすれば、一人では無理でもみんなの知恵がいい具合に化学反応を起こして突破できることもあることがわかった。

　助けてくれる仲間がいる心強さはとても大切なことだ。


## 3　「人生に完璧はなかなかない」

――フランスの先生より

　勉強して完璧な状態でテストに挑めば満点も夢ではないなんて思っていた。でも、なかなか作文で満点が取れなかった。がんばっても16/20（80点）。

　なぜだろうともやもやしていると、先生はこう言った。「満点というのは、パーフェクト。つまり、人生でも数回だけのこれ以上ない最高な状態だよね。そう毎回達成できるものではない。だから、ここで満足せず、どうしたらもっとよくできるかを考え続けてみて。

　努力を続ければ、いつか“これだ”と必ず分かるパーフェクトな瞬間が訪れるはず」

「これでいいよね」とか、「これくらいやれば大丈夫！」と満足せず、さらに上を目指すためのトライ＆エラーを続けることがさらなる成長につながるのだ。

## 4　「わたしも、答えを知らない」
### ——アメリカの先生より

　子どものころ、先生はなんでも知っていると無意識に思っていた。すべての「正しい答え」を持っていて、それを学ぶために学校に行っているのだと。

　でも、「わたしも、答えを知らない」とアメリカの先生に言われて驚いた。

　先生も答えを知らないことがあるならば、学校って「もしかして、こういうこと？」の仮説をみんなが持ち寄ってシェアするところなのかもしれないと考えるようになった。

　もちろん、先生が答えを知っていることもたくさんあるけれど、「正解」を見つける面白さの他に、「正解」がないからこそ生まれる面白さがあることに気づいた。

## 5　「目標を立てるのも、達成するのも自分だ」
### ——カナダの先生より

　夢と実現性。このバランスはとても難しい。苦手なことが

あるときはなかなか思うようにカタチにできないし、かと言ってそこであきらめるのも気が引ける。自分でそのバランスを決めないといけないときは特に悩む。

　カナダのウッドワーク（木工技術）の先生は、こう言ってくれた。

「実現できないと夢で終わり、すぐに叶う夢だと成長がない。ギリギリのバランスをいかに狙うかが、成功するためにはいちばん重要だ」

　自分で思いついた設計図やアイディアをいかに精度高くカタチにできるか。高評価を狙うなら簡単すぎても、難しすぎてもダメ。

　誰かが考えた設計図に沿ってがんばるのではなく、自分の「ギリギリのバランス」を自分で攻める大切さに気づいた。

　今から思えば、モチベーションよく向上し続けるためのいちばんの近道かもしれない。


## 6　「前例を覆すからこそ、進化がある」

——日本の先生より

　私が行った国は、どこも基本的に高校まで義務教育だったので、受験しないと高校に行けないのは日本だけ。しかも日本の受験では、みんなひとつの物差しではかられる。

今までわたしが見つけたやり方ではうまくいかないかもしれないと途方にくれた高校受験。受験の数カ月前に日本にやってきたばかりで、漢字があまり読めないのに加えて、日本のやり方ではなく、自己流のやり方で受験に挑もうとするわたしを、どの塾も前例がないからと受け入れてはくれなかった。

　そんなとき、一人だけ違うことを言ってくれた先生がいた。「新しい事例は常に生まれるもの。前例を覆すからこそ進化がある。並外れた努力は必要だけど、キミがそれを示せばいんだ」

　その先生と二人三脚で、わたしはなんとか高校に合格することができた。何事もファーストペンギンがいるように、ときには自分がそのペンギンかもしれないと信じることも重要。

　アウェイな状況をどう捉えるか次第で、可能性がぐっと広がると証明された瞬間だった。


　もし、各国の先生が話す言葉がもっと分かっていたら、もっともっとたくさんのヒントに出会えたかも!?　と思うこともあるけれど、でも言葉が通じないからこそ、いい意味でときにぐさっとくる言葉に出会うことができたのかもしれない。

正解はない
違いがあるだけ

エピローグ

# ５つの質問【解答編】

Answers to 5 Questions

なぜ使う筆記用具が違うの？

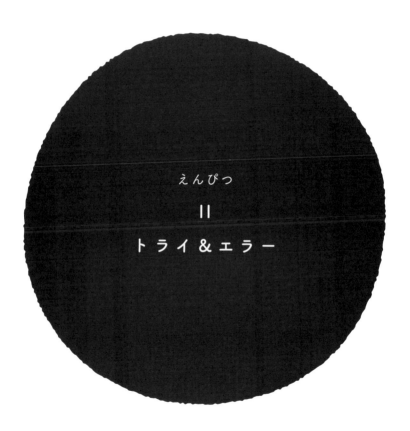

えんぴつ

＝

トライ＆エラー

ペン

＝

ロジカルシンキング

どんな能力を身につけたいですか？
子どものどんな能力を伸ばしたいですか？

**えんぴつ**で伸ばせる能力は？

**シャープペンシル**で伸ばせる能力は？

**ボールペン**で伸ばせる能力は？

**万年筆**で伸ばせる能力は？

**筆ペン**で伸ばせる能力は？

**筆**で伸ばせる能力は？

**マジック**で伸ばせる能力は？

**マーカー**で伸ばせる能力は？

**チョーク**で伸ばせる能力は？

143

座席にどんな意味があるのか?

1人掛け

||

先生に集中する並び

2人掛け

||

二人三脚を育てる並び

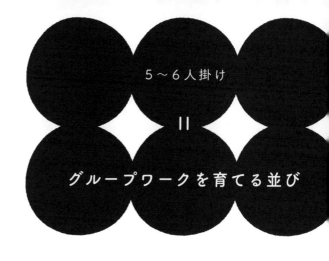

5〜6人掛け
=
グループワークを育てる並び

向かい合って座る
=

座席以外にも座る
=
気分のメリハリを
つくる並び

議論を
促進させる
並び

145

あなたは授業でどんな能力を伸ばしたいですか？

クリエーティビティ？

グループワーク？

ロジカルシンキング？

プレゼンテーション？

ディベート？

テクノロジー？

その為にピッタリな座席の配置は？

整列する、整列しない、それはなぜ？

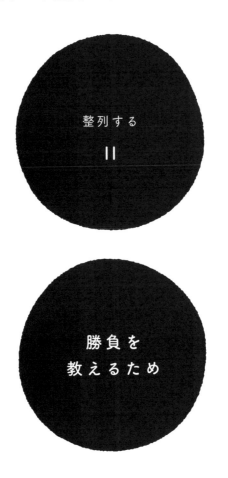

整列する

||

勝負を
教えるため

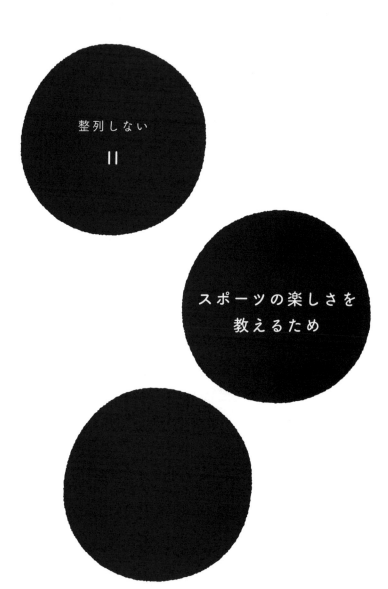

整列しない

＝

スポーツの楽しさを
教えるため

なんのための体育？

アスリートに
なるため？
健康促進のため？
仲間をつくるため？
チームワークを
学ぶため？

なぜ入学年齢に幅が
あるのか？

入学年齢がバラバラ

=

子どもの成長に
合わせて学ぶことを
優先

入学年齢がみんな同じ

＝

同じ年齢ベースで
平等にチャンスを与える
ことを優先

どの子どもを伸ばしたいのか？

できる子どもを
さらに伸ばす
屋根上げ？
できない子どもを
なくす
底上げ？

何が違うの？

給食

||

同じものを食べる体験

好き嫌いをなくす

共働きの親のサポート

弁当

||

食の多様性、
食習慣を尊重する

家で食べる

||

家族との時間を楽しむ
選択肢を与える

ランチって何のための時間？

好き嫌いを克服？

違う文化を学ぶ？

自分たちで調理する？

さまざまな食材に出合う？

同じものを食べる？

栄養について学ぶ？

温かいものを食べる？

手づくりのものを食べる？

旬を教える？

# おわりに

　どこの国の学校がいちばんよかったですか？

　わたしにとっていちばんよく聞かれて、いちばん答えに困る質問が、実はこれ。なぜなら、正解がないと思っているから。あるいは、数えきれないほどの正解があると言ってもいいかもしれない。

　筆記用具として、えんぴつがベストか？　ペンがベストか？　ということに絶対的な正解がないように、「親と一緒に登校する、一人で登校する」「自己主張する、調和を大事にする」「7に横棒をつける、7に横棒をつけない」「計算機を使う、暗算をする」「カタチから入る、目的から入る」「自由にやる、ルールに沿ってやる」「個人プレーで戦う、チームプレーで戦う」……どちらかが「正解」というわけではない。

　国によって先生の言うことも180度違うことを、何度も経験してきた。

　ずっと「正解」が変わり続ける環境の中で、「誰かの正解」は、必ずしも「自分の正解」ではないことにも気づいた。

　講演などで大人の統計を取れば、だいたい自由に見えるアメリカの学校が一番人気で、グループで学ぶイギリスの学校が2番手にな

る。

　でも、低学年の子どもだと、なんと大人が選ばない日本の学校が一番人気！　高学年になれば人気の学校はまた変わる。

　いつなぜこの違いが生まれるのかはまだ発見できていないけれど、一番人気が変わるのは考えてみれば当たり前。

　人見知りにとって、とにかく自己主張を求められる環境はつらいし、逆に自己主張が得意な子どもは、自分の意見を殺さないといけない環境につらさを感じるに違いない。

　褒められて伸びるタイプもいれば、プレッシャーがないと力を発揮できないタイプもいる。チームワークによって、飛躍的に活躍する子どもも、個人の方が能力が伸びる子どももいる。

　同じ家族でも、親にとってのベストと子どもにとってのベストは違うし、兄弟でもベストは異なる。

　同じ国の学校でも、今と30年前とでは違うところが必ずある。かつてのイギリスの教室が、今のアメリカの教室に、フランスの教室が今の日本の教室になっていたりする。

　読み書きができることが当たり前になれば、次に社会が必要とす

る能力を身につけられるように学び方がシフトする。

　だから、「絶対的な正解」をみんなで探すのではなく、一人一人の「正解」をみんなで見つけていくしかないのだ。

　それが、6カ国転校生ナージャのいちばんの発見なのかもしれない。


　子どもが変われば、ベストは変わる。

　時代が変われば、ベストは変わる。

　目的が変われば、ベストは変わる。

　正解はない。違いがあるだけ。


　あなたにとってのベストはなんですか？

ナージャ6歳のころ、小学校入学式の日に

※本書の第 1 章は電通総研「電通アクティブラーニングこんなのどうだろう研究所」掲載「ナージャの 6 ヶ国教育比較コラム」(2015.11.27～2016.07.28)、第 2 章は日経 xwoman 掲載「世界 6 カ国育ち＆日本で働くナージャが教えるグローバルスキル」(2020.04.09～10.06)を大幅に加筆修正し、構成し直したものです。

装丁・本文デザイン
APRON（植草可純、前田歩来）

装画・本文イラスト
Hugo Yoshikawa

## キリーロバ・ナージャ
Nadya Kirillova

クリエーティブ・ディレクター／コピーライター／
絵本作家。ソ連・レニングラード（当時）生まれ。
数学者の父と物理学者の母の転勤とともに6カ国（ロ
シア、日本、イギリス、フランス、アメリカ、カナ
ダ）それぞれの地元校で多様な教育を受けた。広告
代理店入社後、様々な広告を企画、世界の広告賞を
総ナメにし、2015年の世界コピーライターランキ
ング1位に。国内外の広告やデザインアワードの審
査員歴を持つ。「電通アクティブラーニングこんな
のどうだろう研究所」メンバー。著書に『ナージャ
の5つのがっこう』（大日本図書）、『からあげビーチ』
『ヒミツのひだりききクラブ』（共に文響社）がある。

# 6ヵ国転校生 ナージャの発見

2022年7月10日　第1刷発行
2023年10月22日　第6刷発行

著者
キリーロバ・ナージャ

発行者
岩瀬 朗

発行所
株式会社集英社インターナショナル
〒101-0064　東京都千代田区神田猿楽町1-5-18
電話　03-5211-2632

発売所
株式会社集英社
〒101-8050　東京都千代田区一ツ橋2-5-10
電話　読者係 03-3230-6080／販売部 03-3230-6393（書店専用）

印刷所
TOPPAN株式会社

製本所
株式会社ブックアート

© Nadya Kirillova 2022, Printed in Japan
ISBN978-4-7976-7413-2 C0095